自媒体人不可不知的

法律常识

糜志彬　张家伟　武娟娟　著

李丹林　顾问

对外经济贸易大学出版社

中国・北京

图书在版编目（CIP）数据

自媒体人不可不知的法律常识 / 糜志彬，张家伟，武娟娟著 .-- 北京：对外经济贸易大学出版社，2024. 11.-- ISBN 978-7-5663-2651-5

Ⅰ. D922.84

中国国家版本馆 CIP 数据核字第 2024SE4777 号

自媒体人不可不知的法律常识

ZIMEITIREN BUKE BUZHI DE FALV CHANGSHI

糜志彬　张家伟　武娟娟 **著**　　李丹林 **顾问**

责任编辑：邱蓓蓓

助理编辑：代凤洁

出版发行：对外经济贸易大学出版社	邮政编码：100029
社　　址：北京市朝阳区惠新东街 10 号	邮购电话：010 － 64492338
网　　址：www.uibep.com	发行部电话：010 － 64492342
资源网址：www.uibepresources.com	E-mail：uibep@126.com

成品尺寸：170mm×240mm	印　　刷：北京市泰锐印刷有限责任公司
印　　张：12.5	版　　次：2024 年 11 月北京第 1 版
字　　数：178 千字	印　　次：2024 年 11 月第 1 次印刷
ISBN 978-7-5663-2651-5	定　　价：49.00 元

序

各位读者朋友好！这本由对外经济贸易大学出版社组织编写的《自媒体人不可不知的法律常识》，此刻与您见面了。

关于自媒体，有各种定义和解释。但从运营或利用自媒体谋求自我表达之外的利益的角度来说，如下的解释可恰切地把自媒体的特性体现出来：自媒体是指个人或组织利用互联网、移动互联网等新媒体技术自行创作、发布或传播自己选定的信息内容，通过广告或借助其互动性建立起来的各种线下营利方式等商业模式的新型媒体形态。自媒体通过在互联网平台注册账号确立自己的内容信息发布和交流的阵地。这个账号可能是微博平台的微博账号，也可能是微信平台的公众号账号、视频号，也有可能是抖音、快手等聚合平台的短视频账号、直播账号等等。自媒体内容的形式有很多种，如文字、图片、视频、音频、直播等，其中短视频与直播占绝对多数，也是自媒体人从事商业活动的主力部分。

放眼互联网发展的历史和现状，自媒体的运营在经济社会发展中已具有重要的地位。根据中国互联网信息中心（CNNIC）发布的第53次《中国互联网络发展状况统计报告》和中国网络视听协会发布的《中国网络视听发展研究报告（2024）》，截至2023年12月，我国网民规模达10.92亿人，手机用户10.91亿人，网络视听用户10.74亿人、网络视频用户10.67亿人、短视频用户10.53亿人、直播用户8.61亿人。其中，电商直播用户规模为5.97亿人，全网短视频账号总数已突破15.5亿个，职业主播数量已有1 508万人。2023年，新入网的2 480万网民中，37.8%的人第一次上网时使用的是网络视频应用，较排名第二的即时通信（16.1%）高出21.7个百分点。网络视听已居于“第一大互联网应用”的地位。2023年，包括长视频、短视频、直播、音频等领域在内的网络视听行业市场规模达到11 524.81亿元，首次突破万亿。主要短视频平台日均更新量近8 000万，日直播场次超过350万场，71.2%的用户因观看短视频或直播购买过商品，40.3%的用户认同“短视频或直播为主要消费渠道”。2023年，中国直播电商市场规模达到4.9万亿元，同比增速为35.2%。

如今的自媒体，既是实现个人价值的一种通道，也是广大青年人创业求职的有效场所。由自媒体支撑的电子商务，是畅通经济循环、激活发展动能的重要支撑。自媒体作为内容产业的组成部分，不仅与实体经济紧密关联，也是传承文化、传播文化、创新文化的重要载体。

但是，正如大家所观察到、经历过、感受到的那样，自媒体在运营过程中存在着各种“坑”和“雷”，这些“坑”和“雷”就是各种法律风险、权益纠纷。自媒体账号的注册者、认证者、运营者和主播等都会因为这些法律风险和纠纷，或承担法律责任，或权益受损。我们试想，如果这些自媒体领域的各种主体，特别是行业细分中的直播行业里的主播群体，能够全面系统掌握相关法律知识，并且拥有一些运用法律的技能，那么，就有可能有效地“躲坑避雷”。在直播行业，主播群体是行业的核心资源，但是，主播群体中30岁以下的所占比例约为三分之二，大专及以下学历的人群所占比例约为四分之三。面对这样的年龄和学历结构群体，能真正有效地、及时地进行相应的法律知识和相关技能的传授和培训真是十分必要。

现在，摆在读者面前的这本书，无论您是一位正在运营自媒体或做主播的人士，还是一名普通用户或网民，翻读之后，你会发现，它为顺畅运营好自媒体、避免运营中的各种法律风险，提供了一个干货满满、“注意大全”式的讲解和提示。并且，本书内容还从编写风格和结构上做贴心考虑，运用提问回答式、案例分析式、“省流”概括式（顺口溜）、扫码扩充式等内容呈现方式的组合，方便大家理解和掌握。

这样一部书的问世，必定有它的故事，这也是我想分享给大家的。我所在的中国传媒大学，其法学学科的建设一直在走着自身的特色建设之路。我们多年来，深耕于传媒法、文化法、娱乐法、网络法等领域，始终关注相关政策和立法、紧紧跟踪行业发展实践、深入研究行业法律问题。中国传媒大学在研究生培养领域，在硕士层面，在传播学一级学科之下曾设有传媒政策与法规专业；在法学一级学科之下，宪法行政法专业设有网络法与网络治理方向。在博士层面，同样也设有传媒政策与法规方向，还在艺术学一级学科之下，设有文化产业之下的文娱法理论与实践方向。与此同时，我们也有专门的研究机构，与新闻出版、广电、网信等相关的管理组织和机构有经常性的合作，与法律实务界、产业领域更是互动频繁。于是，在有形与无形之间，也大体有一个从事相关法律政策研究和法律实务人士的圈子。比如，北京市文化娱乐法学会便是一个将分散于各领域的相关人士联络起来的一个有形圈子。

2023 年的 5 月，我接到一个微信添加申请，就是本书的责任编辑邸蓓蓓女士。蓓蓓编辑的直率、热情、所具有的职业敏锐性、善于沟通合作的精神都令人赞赏。蓓蓓编辑和我讲了她的构想，针对日益庞大的主播群体，要编出一部适合这个群体的大多数人阅读吸收的手册性著作，手册要具有针对性、实用性、易懂性并且还要有生动性。我与她针对作者的遴选进行了商讨。我们认为最直接接触并处理自媒体运营、网络主播各种权益纠纷且具有相应的学术和理论研究能力的律师最为合适。由此，我想到北京市文化娱乐法学会下设网络直播与短视频专业委员会，该委员会就是由一些擅长该领域法律问题处理的律师以及业界相关人士构成。在我与学会进行沟通时，秘书处推荐了该委员会的主任——糜志彬律师。糜律师又推荐了委员会的其他成员，骨干作者队伍便这样形成了。与此同时，我们中国传媒大学的文化法、传媒法的若干位博士研究生和硕士研究生也加入了研究和写作队伍之中，其中有陈官民、李思沅、吕烨馨、杨加冕、杨滢琪、孙一娇等几位同学，在此一并感谢几位同学的辛勤付出。律师们基于其专业经验的积累，将其中涉及的法律问题归纳为四大部分：账号运营、内容规范、广告规则、带货责任，于是，这也就成了本书的框架基础和具体内容。学生们在专业学习研究的基础上，以当代年轻人的视角和感觉，尽量把律师们严肃的行文修润得生动易懂。

于是，一本在编辑敏锐的市场嗅觉和社会责任感驱动下组织策划，由深耕本领域法律实务的专业律师撰写，由高校从事理论学术研究的师生合作予以理论学术和实践经验表达支撑的，由这个有形无形的圈子建构的共同体生态滋养的手册性的书籍问世了。

最后，再顺带说一点，在ChatGPT（Chat Generative Pre-trained Transformer）时代，各种大模型层出不穷，是否用户拥有了AI大模型，就可以取代本书呢？如果你认为出了问题、发生了纠纷，大模型还不能替代律师的话，那么我的回答也是大模型的回答取代不了本书。因为大模型虽有超强的运算和处理内容及信息的智能能力，但是其能力运用的结果不是人的智慧的体现。而本书的整体结构和具体内容的编排，对很多问题基于法理和实务经验给出的分析和建议，都是作者和编辑的智慧呈现。这些提示性的、可以给予使用者启示的内容，那些切实的“躲坑避雷”策略、诉讼策略等，以及依据大多数读者对象的实际情况所选择的表达方式，都是大模型所不能给予的。

中国传媒大学文化产业管理学院学术委员会副主任
法律系教授 博士生导师 李丹林
北京市文化娱乐法学会副会长

2024 年 7 月 24 日北京

前言

“我只用了十几秒的歌曲片段作为BGM，不会侵权吧？”“那个UP主‘像素级’抄袭我的创意，我该怎么维权？”“我开箱测试时只是客观地评价了几句这款产品，怎么就诋毁商誉了？”“我只负责带货，商品质量和售后都跟我无关吧？”……在日常和自媒体人接触过程中，以上是我被反复、高频问及的一些问题。对于谙熟互联网行业的律师或法务来说，上面的问题都不难回答。但对绝大部分自媒体人而言，公开的法律条文庞杂、模糊、晦涩难懂，给不了他们问题的答案和指引，一着不慎，就可能给自己“挖坑”，轻则视频被投诉、下架，账号被平台禁言、限流；重则面临着诉讼，被判令赔偿。自媒体人在内容创作和运营过程中，免不了碰到各种各样的法律问题，如何才能完美“避坑”呢？这就是本书的创作初衷。我们期待通过本书，为在前进路上独自摸索的自媒体人提供指引、启迪。希望本书能成为自媒体人的案头必备书。

我们在本书中精选了实践中自媒体人可能遇到的高频法律问题，采用了一问一答的形式，逐一解释说明，并配置典型案例以深化自媒体人对于问题的理解和认知。同时按照问题出现的先后顺序，分别归类于账号创建阶段、账号运营阶段或账号变现阶段，呼应自媒体账号的生命周期，例如“是否可以一个人创建多个自媒体账号”“账号归我所有还是归平台所有”等问题，属于账号创建阶段，位于本书的第一部分；“直播间内翻唱他人歌曲侵权吗”“虚假人设违法吗”等问题，则属于账号运营阶段，位于本书的第二部分。这种编写体例使得自媒体人既可以根据自身账号的发展阶段逐章集中阅读，也可以根据遇到的具体问题单独查阅。

同时，为了保证我们的答复切中实际，具体可行，本书编写团队也是精挑细选、内外结合。我本人是外部律师，具有十多年的互联网从业经验，长期服务于MCN机构和国内头部直播平台，多年来持续研究自媒体账号、网红经纪、直播打赏、直播带货等行业问题，发表多篇专业文章，编写直播和短视频行业报告，并研发和主讲过这一系列专业课程；另外两位编写者武娟娟和张家伟来自公司内部，均是就职于国内头部MCN机构的法务专家，具有丰富的实务处理经验，熟悉网络红人业务的各个方面，对国内主流自媒体平台的各种操作规范和流程也是如数家珍。此外来自国内头部MCN机构的法务专家王珏也参与了本书第四部分的编写，为本书增色不少，在此一并致谢。

囿于篇幅，本书选编的问题数量有限，不足以覆盖自媒体人遇到的全部法律问题；对问题的答复亦偏重于当下的实操经验和行业惯例，于理论分析和行业架构上着墨较少。在此情况下，疏漏在所难免。

自媒体时代业已来临，自媒体行业方兴未艾。中国网络视听协会编制的《中国网络视听发展研究报告（2024）》显示，截至2023年12月，全网短视频账号总数达15.5亿个，职业主播数量已达1 508万人，主要短视频平台日均短视频更新量近8 000万，日直播场次超过350万场。希望本书对于引导自媒体行业健康、有序发展也有所助力。

目录

第一章 / 1

第一节　账号注册要注意什么？ / 3

第二节　专业类账号有何资质要求？ / 6

第三节　账号到底归谁所有？ / 9

第四节　可以注册多个账号吗？ / 26

第五节　遭人模仿自救指南 / 29

第六节　其他代运营情况 / 32

第二章 / 45

第一节　禁止发布的内容有哪些？ / 47

第二节　自媒体账号发布的内容归谁所有？ / 49

第三节　怎么区分模仿和抄袭？ / 51

第四节　被抄袭时应该怎样维权？ / 55

第五节　搬运或抄袭他人内容面临哪些风险？ / 58

第六节　怎么区分言论自由和侮辱诽谤？ / 61

第七节 利用他人歌曲制作视频时如何获得相关权利人的授权？ / 64
第八节 直播间内播放歌曲侵权吗？ / 68
第九节 直播间内翻唱他人歌曲侵权吗？ / 71
第十节 直播 PK 有什么限制？ / 74
第十一节 直播打赏违规知多少？ / 77
第十二节 怎么应对别人的投诉或者举报？ / 81
第十三节 内容分发和授权时该注意什么？ / 84
第十四节 虚假人设违法吗？ / 87
第十五节 特殊类账号风险提示 / 90

第三章 / 105
第一节 主要自媒体平台官方接单途径及入驻条件有哪些？ / 107
第二节 “种草” / “探店” 内容有哪些需要特别注意的问题？ / 109
第三节 承接广告要注意哪些事项？ / 114
第四节 自媒体人需要对发布的违规广告承担责任吗？ / 120
第五节 自媒体平台或 MCN 拖延或拒绝支付分成收入如何处置？ / 124

第四章 / 129

第一节　直播带货商品怎么选？ / 131

第二节　直播带货话术“避坑”重点 / 138

第三节　直播营销可以使用绝对化用语吗？ / 144

第四节　直播为了卖货，可以虚构原价吗？ / 148

第五节　可以通过诋毁方式赢过竞品吗？ / 151

第六节　脚本需要让品牌方提前确认吗？ / 153

第七节　主播需要对带货商品负责吗？ / 155

第八节　直播带货属于广告吗？ / 161

第九节　主播是广告代言人吗？ / 166

第十节　如何计算直播带货收益？ / 170

第十一节　直播抽奖知多少？ / 173

第十二节　ROI 不达标怎么办？ / 179

第十三节　如何验收和处置样品？ / 183

第一章

要成为一名成功的自媒体人，第一步就是开通账户，但即使是最简单的账号注册，其中也“暗藏玄机”。本章将主要介绍账号注册时需要注意的法律问题。

第一节　账号注册要注意什么？

注册自媒体账号是打开自媒体世界大门的第一步。但要注意的是，自媒体用户在注册账号时，必须同时满足两个层面的要求：法律的要求、自媒体平台的要求。

法律的要求。根据《互联网用户账号信息管理规定》第 8 条规定，账号注册信息禁止包含如下内容：（1）违反《网络信息内容生态治理规定》第 6 条、第 7 条规定；（2）假冒、仿冒、捏造政党、党政军机关、企事业单位、人民团体和社会组织的名称、标识等；（3）假冒、仿冒、捏造国家（地区）、国际组织的名称、标识等；（4）假冒、仿冒、捏造新闻网站、报刊社、广播电视机构、通讯社等新闻媒体的名称、标识等，或者擅自使用“新闻”“报道”等具有新闻属性的名称、标识等；（5）假冒、仿冒、恶意关联国家行政区域、机构所在地、标志性建筑物等重要空间的地理名称、标识等；（6）以损害公共利益或者谋取不正当利益等为目的，故意夹带二维码、网址、邮箱、联系方式等，或者使用同音、谐音、相近的文字、数字、符号和字母等；（7）含有名不副实、夸大其词等可能使公众受骗或者产生误解的内容；（8）含有法律、行政法规和国家有关规定禁止的其他内容。

自媒体平台的要求。自媒体平台要求注册信息必须合法、真实、准确。在个人注册账号时，要使用真实的邮箱地址，不得使用虚假姓名、生日、联系方式等。若系统检测到这些信息与真实情况不符或侵犯他人权益，则会拒绝注册。在公司申请注册账号时，若平台发现公司在申请账号时填写的信息与已有公司注册信息相似，也会因涉嫌侵犯他人权益而拒绝注册。

总的来说，关于账号注册信息的禁止性要求，不同的自媒体平台之间可能会存在差异。在注册账号时，建议自媒体人仔细阅读并遵守平台账号注册要求。

经典“踩雷”案例：“西方某选”侵权事件

2023 年 12 月，一个名为“西方某选”的抖音账号横空出世。该账号不仅名称与另一著名带货账号相差无几，主播的长相也与知名主播董某近似。该账号主页显示，“西方某选”于 12 月 17 日 15 时发布第一条视频；当晚“西方某选”开播，就迎来了接近 100 万的观看量，但仅过了一天就被火速封号。“西方某选”直播间负责人称账号遭到另一账号权利人举报下线。该账号的出现和被举报事件引发网友们对山寨明星、高仿账号的讨论。尽管举报中称该账号有侵权风险，但“西方某选”直播间负责人表示自己查询过“西方某选”商标并未被注册，自己不认为有侵权行为。他声称，“主播是临时找到的，因为主播长得很像（另一位知名主播），临时想到的点子”[①]。

案例分析

“西方某选”账号后被平台封禁，收回了直播权限。该账号负责人声称“西方某选”商标并未被注册，但这并不能成为其抄袭和侵权“东方某选”品牌及其旗下主播董某形象的理由。在互联网上，品牌和形象的保护同样重要，尤其是在抖音这样的社交平台上，品牌和形象的识别度和影响力往往直接关系到账号的流量和商业价值。此外，这种行为也对消费者造成了误导和混淆。消费者可能会因为其账号名称和主播长相的相似性而误认为其是官方

① 赵梓昕:《“西方臻选”被封背后，山寨明星的钱还能赚多久？》，载界面新闻网 2023 年 12 月 25 日，https://www.jiemian.com/article/10585817.html。

账号或正版产品，从而遭受经济损失和权益损害。官方封禁“西方某选”的举措也体现了互联网知识产权保护的重要性。自媒体平台上的山寨明星和仿冒账号，尽管短期内能通过吸引眼球获得一定的关注度，但真正能转化为实际支持和付费行为的粉丝群体却不多。即便直播观看人数达到数十万，真正愿意投入金钱进行打赏或购买商品的用户寥寥无几。因此，自媒体账号的注册者应避免使用仿冒手段，以免账号被封禁，乃至引发其他法律风险。同时，作为自媒体用户，我们也需要保持警惕，不轻易相信和关注非官方账号，以防成为侵权行为的受害者。为了维护一个健康、有序的网络环境，我们应该积极支持正版和合法账号，尊重他人的知识产权和品牌形象。

“省流”版本小提示

注册账户有风险，关键信息勿伪造！

品牌独立很重要，警惕跟风吃大亏！

扩展阅读：《互联网用户账号信息管理规定》《互联网用户公众账号信息服务管理规定》

扫一扫

扫码听书（如阅读不便，可扫码听书）

扫一扫

第二节 专业类账号有何资质要求?

以“专业”内容立足自媒体江湖，更要注意摸清准入的门槛。通常情况下，专业自媒体账号的资质要求包括专业认证和许可证、内容创作和编辑能力、影响力和粉丝基础、合规运营和道德规范几个方面。

《互联网用户账号信息管理规定》第 11 条规定，对于互联网用户申请注册提供互联网新闻信息服务、网络出版服务等依法需要取得行政许可的互联网信息服务的账号，或者申请注册从事经济、教育、医疗卫生、司法等领域信息内容生产的账号，互联网信息服务提供者应当要求其提供服务资质、职业资格、专业背景等相关材料，予以核验并在账号信息中加注专门标识。

除此之外，2023 年 7 月 5 日，中央网信办发布《关于加强“自媒体”管理的通知》，其中第 2 条明确要求强化资质认证展示，对从事金融、教育、医疗卫生、司法等领域信息内容生产的“自媒体”，网站平台应当进行严格核验，并在账号主页展示其服务资质、职业资格、专业背景等认证材料名称，加注所属领域标签。对未认证资质或资质认证已过期的“自媒体”，网站平台应当暂停提供相应领域信息发布服务。

经典“踩雷”案例：“丁某医生”全网封禁事件

2022 年 8 月，知名健康科普博主“丁某医生”及其旗下相关联的账号被微博、微信公众号等平台以涉嫌违反法律法规被禁言。例如，丁某医生曾推荐某款全麦面包，声称其是“健康”的选择，但实际上该产品的营养成分与标示值不符，存在虚标问题。新冠疫情期间，丁某医生曾在文章中出现“连花清瘟占去三分之一的运力”等不实言论，文章中引用的观点存在误导公众的情况。[①] 无独有偶，2023 年 7 月 3 日，医疗健康领域新媒体“某点健闻”矩阵（包括微信公众号、新浪微博号、知乎号等）均被封，理由显示为“接相关投诉，违反《互联网用户公众账号信息服务管理规定》”[②]。

案例分析

“丁某医生”与“某点健闻”被平台封禁的原因众说纷纭，但归根结底，离不开二者均可能涉嫌虚假信息误导公众。事实上，除了这两个医疗健康类专业自媒体账号被平台封禁过，早在 2021 年 9 月，腾讯就根据中央网信办“清朗”系列专项行动的通知要求，曾对财经类自媒体公众号进行了违规内容专项整治。其中，“招财大牛猫”账号因涉嫌违规采编发布财经类信息，被腾讯永久禁言。该账号还被指出存在发布违规类型的财经内容信息，如充当“黑嘴”、敲诈勒索、无资质推荐股票等金融产品。

专业类的自媒体账号，除了资质作为运营的基础要求，对于内容层面的要求也会更高，拥有专业资质的自媒体账号，必须严格遵守平台规定和行业道德规范。一旦违规，不仅会受到平台的处罚，更会损害自身信誉，影响公众对专业领域的信任。

此外，若普通自媒体账号在发布涉及特定行业或者职业的内容时，或者跨行业点评、解说其他特定行业的内容时，若平台方专门的审核部门监测到对应内容违规，该内容可能会受到影响，严重的情况下甚至导致自媒体账号

①《丁香医生旗下多个微博账号被禁言，微信矩阵停更》，载百家号“天眼新闻”2022 年 8 月 10 日，https://baijiahao.baidu.com/s?id=1740764331367294461&wfr=spider&for=pc.

②《医疗媒体“八点健闻”账号被封，曾深扒公立医院院长薪资、常用药涨价原因》，载百家号“鲸平台”2023 年 7 月 4 日，https://baijiahao.baidu.com/s?id=1770468469019501043&wfr=spider&for=pc。

被禁言、封禁等。

因此，专业类自媒体账号运营者需要充分了解并遵守相关规定，确保内容的合规性。

"省流"版本小提示

运营专业自媒体，各项资质须齐全！

审核材料严把关，内容真实不跑偏！

扩展阅读：抖音平台专业类账号资质的审核通道与要求

扫一扫

扫码听书（如阅读不便，可扫码听书）

扫一扫

第三节　账号到底归谁所有？

（一）我拥有我的账号吗？

现行法律规定、自媒体平台的用户服务协议内容以及相关司法实践，都表明了自媒体用户对于自媒体账号不享有所有权。若没有权威部门出具指导性的案例对此进行界定，从整体的角度上来说，关于账号归属权的认定短期内不会出现变化。

从法律规定层面看，自媒体账号应当属于网络虚拟财产的一种，但在大多数情况下，虚拟账号本身并不直接具有法律实体地位，而是作为用户在互联网平台上的身份标识或者将虚拟账号作为进行线上交易的工具。法律并没有给出网络虚拟财产的权利设置，目前主要依靠各参与方的自由约定。

基于用户服务协议的约定，自媒体账号的所有权归属于平台方，用户仅拥有使用权限，且不得出租、转让。根据目前微信、B站、抖音、小红书等几大主流自媒体平台的用户服务协议，大部分自媒体平台都会在其与注册用户之间的用户服务协议中约定，用户取得的仅是自媒体平台账号的“使用权”。自媒体用户在注册过程中，平台方通常会要求用户阅读并通过勾选的方式同意平台用户服务协议。

从司法实践看，因法律未有明确的规定，当自媒体账号权属发生纠纷时，实务中基本会综合考虑当事各方法律关系性质，并且结合双方协议约定、平台规则、账号注册主体、实际运营情况、收益权归属等因素予以综合判断。

经典“踩雷”案例：影响自媒体账号归属的“人身属性”

刘某、王某、胡某三人为提升抖音账号的价值，将共同持有的抖音账号交由周某负责。周某负责抖音账号的管理及运营，并签署了《抖音运营合作协议》，约定“任何一人由于个人原因退出或者四方协商退出的，按照当前盈利额与账号估值计算后，协商给予退出补偿，退出方须积极配合做好交接工作，否则视为违约。若周某未主动退出，账号所有权归周某，若周某主动退出，账号所有权归剩余方共同拥有”。后周某因收益问题提起诉讼，导致账号未继续运营。

法院按照《抖音运营合作协议》认定账号所有权归属于刘某、王某、胡某三人共同所有。

［案例来源：（2022）湘0212民初1301号］

案例分析

关于账号归属权的问题，会根据双方是否有书面约定、账号本身具有的人身属性、账号注册运营及创作情况等要素来综合考虑。

实际上，目前对账号所有权归属的问题并没有统一的标准，各地法院也会根据实际的案件情况来进行分析，部分法院在审判时因考虑平台用户服务协议以及《互联网用户公众账号信息服务管理规定》等相关法律法规的规定，在审判时主要针对的问题仍然停留在账号使用权的层面。

所以，自媒体人在运营账号时，本身第一要考虑的应当是遵守相关法律法规以及平台运营规则。确实因账号管理权限以及通过账号获得收益的权限受到限制从而导致利益受损的，再从维护自身利益的角度出发，哪怕法院在账号权属问题认定上不一，也要尽可能要求补偿自己在运营账号时付出的努力和成本。

补充内容

目前微信、B站、抖音、小红书等几大主流互联网平台的用户协议中，对于账号所有权的约定如下：

表 1 用户协议约定

平台	用户协议约定
微信	《腾讯微信软件许可及服务协议》 第 7.1 条“账号使用规范”约定，“7.1.2 微信账号的所有权归腾讯公司所有，用户完成申请注册手续后，仅获得微信账号的使用权，且该使用权仅属于初始申请注册人。同时，初始申请注册人不得赠予、借用、租用、转让或售卖微信账号或者以其他方式许可非初始申请注册人使用微信账号。非初始申请注册人不得通过受赠、继承、承租、受让或者其他任何方式使用微信账号”。
B站	《哔哩哔哩弹幕网用户使用协议》 2.3 您理解并同意，您仅享有账号及账号项下由哔哩哔哩提供的虚拟产品及服务的使用权，账号及该等虚拟产品及服务的所有权归哔哩哔哩所有（法律法规另有规定的除外）。未经哔哩哔哩书面同意，您不得以任何形式处置账号的使用权（包括但不限于赠予、出借、转让、销售、抵押、继承、许可他人使用）。如果哔哩哔哩发现或者有合理理由认为使用者并非账号初始注册人，哔哩哔哩有权在不通知您的情况下，暂停或终止向该注册账号提供服务，并注销该账号。
抖音	《“抖音”用户服务协议》 3.4 您在“抖音”中的注册账号仅限于您本人使用，未经公司书面同意，禁止以任何形式赠予、借用、出租、转让、售卖或以其他方式许可他人使用该账号。如果公司发现或者有合理理由认为使用者并非账号初始注册人，为保障账号安全，公司有权立即暂停或终止向该注册账号提供服务，并有权永久禁用该账号。
小红书	《小红书用户服务协议》 2.3 账号使用及权属 部分第三方网站或者服务可以用小红书账号作为其登录途径之一。您知晓，除非小红书公司特别说明外，这些网站或者服务并非小红书公司运营，您应自行判断此类第三方网站或者服务的安全性和可用性，并自行承担相关风险和责任。由于您的账号关联您的个人信息及小红书平台商业信息，您的账号仅限您本人使用。未经小红书公司同意，您直接或间接授权第三方使用您账号或获取您账号项下信息的行为无效。

"省流"版本小提示

账号归属非己有，平台拥有所有权。

用户仅有使用权，不得租售需谨慎。

权属纷争法律缺，综合考虑定纷争。

运营首要守法规，利益受损争补偿！

（二）账号注册人和实名认证人不一致，账号归谁所有？

目前的法律法规对当账号注册人和实名认证人不一致时，账号归谁所有，并没有明确和统一的规定。

在平台用户服务协议中，通常约定账号的使用权归属于初始注册人。但在实务中一般存在以下两种情形：

一种情形是基于实名注册制度以及主播与账号之间的紧密关联，倾向于将自媒体账号的使用权赋予账号的实名认证者；另一种情形是，在平台允许更改实名认证信息的前提下，尊重双方当事人在合同中达成的约定。

目前平台注册自媒体账号的机制中，并没有要求注册的手机号码与实际认证人员必须保持一致。通常是有人使用一个身份信息注册账号，而后由另一个人来进行实名认证。这种情况可能出现在多种场合，例如家庭成员、朋友之间共享账号，或者企业员工使用公司账号等情况。

然而，这种账号注册人和实名认证人不一致的情况经常会带来一些问题和风险。例如，在账号发生问题时，平台可能难以确定真正的责任人。同时，这也可能增加个人信息泄露和滥用的风险。对此，平台通常会努力采取措施来确保账号注册人和实名认证人的一致性，以保护用户信息和维护平台安全。这些措施可能包括加强身份验证程序、要求提供更多证明文件等。

经典“踩雷”案例

魏某与沈阳某娱乐公司就抖音账号的归属权各执其词，该抖音账号的注册人与认证人并不一致，抖音账号为公司最先申请注册并一直使用。抖音账号实名认证者为魏某的母亲，记录的内容均为魏某出镜、出声的作品。同时账号的注册手机号和身份证信息绑定者出现分离，而在实际使用中，注册手机号只起到接收验证码的作用，可以随时更换。双方签署的《抖音账号归属权说明》中，表明抖音账号归公司所有并由其全权运维管理。抖音账号实名人不一致，是魏某在未经公司书面同意的情况下擅自实施的行为，且是在公司已经注册并长期使用的情况下进行的，账号实际认证人与该账号无任何关系。该案件关于账号归属权的纠纷，法院依据魏某为公司出具的抖音账号归属权说明，确认抖音账号归属于公司。

［案例来源：（2022）辽 01 民终 1889 号］

案例分析

此案件判决的依据除了参考注册人身份本身，更多的依据在于双方签订的《抖音账号归属权说明》中关于账号归属权的约定。

在认定此类的问题时，需要了解清楚账号的初始注册的手机号码属于谁、账号的认证信息是谁、实际运营人是谁、注册人与实际运营人是什么关系；注册人与实际运营人之间是否有协议约定账号的归属。部分平台的账号没有进行身份认证其实也不影响使用，注册人也未实际重视认证身份这个问题的重要性，由此导致存在大量自媒体账号“名实不符”的情况。

在这种情形下，自媒体主播在注册账号时，如需要个人使用，应当尽量保证自身手机号码与认证人保持一致，以避免注册人与认证人不一致的情况。如确实是在注册方与认证方均知晓的情况下导致在自媒体账号运营时二者不一致的，双方应当提前签署书面合同约定关于账号的权属问题。

实务中经常会出现用户在运营账号时实名认证人是自己的朋友、同学或者亲人，但是却没有任何证明，表明账号的认证取得了第三方的同意或者授权，当账号出现权属纠纷时，往往会说不清道不明。

俗话说："亲兄弟也明算账。"若确实是自己长期需要使用且运营的账号，切忌让别人帮自己注册，到时候不仅是账号本身的使用以及管理权限会受到影响，还会导致自身现有的利益受到损失。

"省流"版本小提示

账号归属看注册，双方约定也重要。

爱惜账号要亲为，书面约定不可少！

（三）账号可以转让吗?

一般情况下，自媒体账号不允许转让。

自媒体账号与用户一般存在"强绑定"的关系，存在一定的人身属性。且按照平台用户服务协议的约定，用户只有使用权，没有所有权。同时，平台明确禁止转让行为的发生，如果转让账号，属于无权处分，不产生账号转让的效果。

但在实践中，自媒体账号转让的行为时有发生。由于平台的限制，实践中的自媒体账号的转让并非建立在受让方可实名的前提下，而往往是通过双方达成一致以转让协议的形式进行转让，这种情况下的转让，可能会涉及承担法律责任、泄露个人信息、造成财产损失等风险。

经典“踩雷”案例：未经平台许可私下转让账号所签订的协议未必生效

周某某与张某某合作拍摄抖音短视频，该类视频是以张某某形象发表相关抖音作品，故周某某用张某某的姓名和身份证号注册了名称为“××××”的抖音账号。双方合作的过程中，周某某负责策划、编剧、拍摄、剪辑、发表、投资等工作，张某某按照周某某的指导进行表演或记录自己生活日常。后双方签订了《合作协议》约定：张某某将该账号的使用权及所有权转让给周某某，周某某每月支付给张某某 2 000 元，如出省拍摄，周某某每次再支付 1 000 元，张某某同时放弃对该账号的使用权及所有权，后周某某因未能登录账号双方发生纠纷并且起诉至法院。

法院认为，诉争的“××××”抖音账号系以张某某身份在第三方抖音网络平台上实名注册，在该平台上张某某系诉争账号的登记用户，其与抖音平台依据用户服务协议约束双方的权利义务。《民法典》规定“当事人一方经对方同意，可以将自己在合同中的权利和义务一并转让给第三人。”抖音平台用户服务协议也明确约定，未经公司同意不得转让、出租、出借抖音账号，而张某某与周某某坚持签订《合作协议》转让诉争抖音账号的使用权和所有权，却至今未取得抖音平台运营公司同意，因此双方形成的《合作协议》成立而未生效。

［案例来源：（2021）辽 0422 民初 182 号］

案例分析

平台用户服务协议明确规定禁止以任何形式赠予、借用、出租、转让、售卖或以其他方式许可他人使用该账号，如果平台有合理理由认为使用者并非账号注册者，为保障账号安全，平台有权暂停或终止向该账号提供服务，平台可以对账号进行封禁并且依据平台用户服务协议追究责任。上述案例充分考虑了平台用户服务协议对于注册人的限制，法院基于考虑平台的用户服务协议认定双方签订的《合作协议》未生效，这也强调了在遵守法律规定的同时，遵守平台规则的重要性。

账号转让的问题与账号权属纠纷直接相关，涉及非常多复杂的因素。法律实践中对于账号转让的相关案例少之又少，但整体来看，账号转让的行为涉及平台利益，平台也会直接采取相关的维权措施，如海爪传媒利用关联网站“海爪网”为微播视界平台下“抖音”账号买卖提供交易平台，在经法院审理后认为，海爪传媒的行为违反了未经微播视界书面同意账号不得进行转让或售卖等运营方的管理规范，对微播视界的合法权益造成了侵害，该行为有违诚实信用原则，构成不正当竞争，被要求赔偿。

值得一提的是，微信公众号平台针对“服务号”“订阅号”推出公众号迁移功能，并且对于公众号迁移有着明确流程以及条件，这是平台允许的情况。

“省流”版本小提示

账号实名归你手，借人风险可不小。

平台禁止勿出借，违规担责要记牢！

（四）注册账号且进行实名认证之后提供给别人使用，账号归谁所有？

如果注册了账号并进行了实名认证，然后提供给其他人使用，账号的所有权仍然归注册人所有。另外，实名认证只是对注册人的身份进行验证，并不会改变账号的所有权。但需要强调的是，若账号注册人将自有的账号或者自有的个人信息出借给其他人员使用，根据平台与用户的平台服务协议，平台是禁止此类行为发生的。若实际使用方基于账号出借协议主张使用权的，实务中也不一定会被支持，且可能导致个人信息泄露、账号内容违规、侵犯他人权益，作为账号注册人与认证人可能会卷入上述法律纠纷，具体在上文关于“账号可以转让吗”的问题中也有提及。

经典“踩雷”案例

2022 年 12 月 4 日，沈阳市公安局新型犯罪研究中心联合市公安局铁西分局，依据《中华人民共和国反电信网络诈骗法》，对“为电信诈骗犯罪提供帮助的”违法人员作出行政处罚。据了解，该案是 2022 年 12 月 1 日《中华人民共和国反电信网络诈骗法》实施以来，辽宁省首例依据该法作出的行政处罚案件。刘某向警方交代，他在不久前曾加入一个 QQ 群，这个群里面经常有人发广告，帮助他人完成实名认证后，每个微信号可获得 50 元至 70 元不等的佣金。刘某见有利可图，便找到了发广告的人，对方给他提供了多个没有实名认证的微信号和密码，让他帮助实名认证。据介绍，每个实名认证后的微信号骗子只使用 15 天，在实施完诈骗后即弃之不用了。就这样，从 2022 年 6 月至 12 月，刘某共为诈骗团伙实名认证并绑定了 30 余个微信号，获得非法收入 2 000 余元。2022 年 12 月 4 日，市公安局铁西分局根据该法第 25 条第 1 款第 3 项、第 31 条第 1 款、第 42 条之规定，鉴于违法行为较轻，给予刘某罚款 5 000 元并罚没违法所得的行政处罚[①]。

①《帮诈骗团伙实名认证 30 多个微信账号“95 后”小伙半年非法获利 2 000 余元》，载光明网 2022 年 12 月 6 日，https://m.gmw.cn/2022-12/06/content_1303215341.htm。

案例分析

平台一般禁止将账号转借给他人使用。以上案例中，刘某帮助诈骗团伙进行实名认证的行为，从形式上来说与将自身认证的账号交给别人使用其实大同小异。2022 年 12 月 1 日起实施的《中华人民共和国反电信网络诈骗法》明确规定，任何单位和个人不得非法买卖、出租、出借电话卡、物联网卡、电信线路、短信端口、银行账户、支付账户、互联网账号等，不得提供实名核验帮助；不得假冒他人身份或者虚构代理关系开立上述卡、账户、账号等。组织、策划、实施、参与电信网络诈骗活动或者为电信网络诈骗活动提供帮助，构成犯罪的，依法追究刑事责任。尚不构成犯罪的，由公安机关处 10 日以上 15 日以下拘留；没收违法所得，处违法所得一倍以上十倍以下罚款，没有违法所得或者违法所得不足 1 万元的，处 10 万元以下罚款。所以无论从保护个人信息的角度，还是从可能涉及违法犯罪的角度，将账号借给他人使用都是不太合适的。

“省流”版本小提示

账号借出有风险，信息泄露成隐患！

贪念帮忙实名借，警惕侵权和诈骗！

扩展阅读：《中华人民共和国反电信网络诈骗法》

扫一扫

（五）公司安排我注册的账号，归我还是归公司所有？

若单纯地从公司职务行为的角度来看，一般来说，该账号应当归属于公司所有。但在法律实践中又会根据具体情况分为三种情形，一种是公司注册好账号并认证，安排员工运营；一种是公司委托员工注册、认证，然后工作用；一种是公司注册好账号，员工认证并运营。

1. 公司注册好账号并认证，安排员工运营：公司聘请员工专门运营自媒体账号，通过广告或者直播的形式营销推广公司及其商品，且账号由公司进行注册、认证并且用于公司本身的运营。员工只是被授权使用该账号进行运营活动，并不改变账号的所有权。

员工在运营此类账号时应遵守公司的规定和政策，并确保账号的安全和合规性。公司有权对员工的运营活动进行监督和管理，以确保账号的正常运营和符合公司的战略目标。目前此类型的实务案例相对较少，但品牌账号的平台入驻，均有严格的认证以及对应的资料审查要求，在平台认证以及公司内部能够证明账号属于自身注册且认证的情况下，公司与实际运营人的模式可以成为劳动关系或者合作关系，与账号归属本身无实际的纠纷。

2. 公司委托员工注册、认证，然后工作用：该种情况类似于短视频主播与 MCN 机构基于共同运营账号的目的，由员工进行注册、认证，但是实际用于工作层面。在一般观念里，员工运营公司的自媒体账号，在综合员工和公司的关系后，并且能够有证据证明员工注册、认证的账号是由于公司的委托进行且确实是用于公司工作用途的，可能考虑认定员工的行为系履行职务，相关账号的权属应当归公司所有。

员工用其自己号码申请注册账号、完成实名信息认证可以适当解释为职务行为。法律实务中，法院基本会考虑账号的人身属性。主播与 MCN 机构签署的协议只能约束协议双方，并不能制约平台运营方，也不得以此协议突破平台规则和相关的法律规定。原则上自媒体账号的权属并不必然地因为合同约定而发生转移，但实务中关于账号归属权的认定，法院还是会综合考虑当事各方法律关系性质，并且结合双方协议约定、平台规则、账号注册主体、实际运营情况、收益权归属等因素综合予以判断。

3. 公司注册好账号，员工认证并运营：公司注册好账号，在这种情况下，注册账号的手机号一般实际由公司进行控制，但由于工作需要或其他原因，由员工进行了认证。在此种情况下，注册账号本身的手机号与账号认证的个人身份的两个层面是可以分离的，并没有要求注册的手机号码与实际认证人员的必须保持一致。因而，在认定此类问题时，需要了解清楚账号的初始注册手机号码属于谁、账号的认证信息是谁、实际运营人是谁、注册人与实际运营人是什么关系、注册人与实际运营人之间是否有协议约定账号的归属。

经典“踩雷”案例

北京一家互联网公司，名下有众多抖音账号，公司曾经让作为公司员工的廖某代为认证抖音账号“某某说星座”，且有微信聊天记录进行证明。该抖音账号的全部运营成本和收益均归属公司，虽然抖音账号上的达人与实际认证人不一致，但都是与公司进行的签约合作，可在公司的后台清晰地予以展示账号情况。但廖某擅自更改该抖音账号及用户ID、更改密码，导致公司无法使用账号，后续廖某更是未通知公司就将账号进行了注销，导致公司遭受了损失，因账号已注销，且无法找回，法院便认定廖某侵犯公司权益，并且要求廖某赔偿公司一定的损失。

［案例来源：（2020）京0491民初35871号］

案例分析

上述案件认证人并非实际的运营人以及出镜人员，法院整体依据公司对于账号的投入、付出以及管理，认定账号归属于公司所有。

在实际运营过程中，若涉及主播作为运营人或者出镜人进行认证的，公司与主播的关系以及审判过程中的实际情形，法院均会综合考虑。

参照《互联网用户公众账号信息服务管理规定》的规定，账号的转让须经平台审核并进行主体变更公示。主播以个人信息进行实名认证的自媒体账号也具有一定的人身属性，在账号未完成主体变更公示前，不宜由 MCN 机构控制主播账号。MCN 机构不能基于其与主播的约定或者对账号的运营与投入当然取得主播使用的账号之所有权，但其因对账号投入而享有的财产利益应予保护。这种财产利益的保护应该与网络实名制相协调，从主播到 MCN 机构的账号权益转移应参照相关规定，履行账号主体变更手续。

上述“账号注册人和实名认证人不一致账号归谁所有”章节中提及的（2022）辽 01 民终 1889 号案件，也是典型的账号是由公司利用员工的手机号码进行注册，且手机号码由公司进行把控的情况，且在运营账号的过程中，公司存在投入，并且是在公司的安排下进行账号的运营，但是后续运营人员进行了抖音账号的认证，在这种情况下，法院基于注册情况以及《抖音账号归属权说明》的内容认定了账号归属于公司所有。

由此可以看出在实务中 MCN 机构与主播之间关于账号归属权的问题，仍然未有明确的定论。

但对 MCN 机构来说，使用账号履行工作职责，应当尽最大可能做好内部的合规管理，做好自身的账号成本投入的记录、运营记录，严格制定账号的注册以及运营审核流程，以保证自身经营的合法合规性。

对主播个人来说，在运营账号之前，应当与 MCN 机构明确双方的利益分配，可将利益分配与账号的发展相关联，并且充分考虑退出机制的规划，以账号后续的收益与自身长远的可持续发展为自身的核心。前有李子柒与杭州微念 MCN 的纠纷最终让双方两败俱伤，后有董宇辉与东方甄选“小作文”事件最终双方各得其所，MCN 机构的发展与达人在账号表现以及运营能力是一体的，达人与 MCN 机构属于一荣俱荣，一损俱损的情况。如何平衡双方之间的合作关系，使得双方合作共赢，是 MCN 机构与达人需要共同考虑的问题。

"省流"版本小提示

MCN 机构与主播间就账号归属的争议不能与网络实名制相矛盾，具体归属还得参照"平台规则"具体执行。司法实务中，会尊重账号之于主播的人身属性，综合网络实名制、平台规则、实际注册与运营情况判断其归属，但财产权益必须依照合同规定进行分配。

（六）多人合作账号的归属问题如何处理？

在实践中，多人合作账号的归属，一般以协议中的约定为准。合伙协议是各方协商一致达成的协议，可以约束各方的权利和义务。因此，如果协议中已经约定了账号的归属，应该依约办事。

但在实践中，如遇特殊情况，也需要综合考虑当事各方法律关系性质，并且结合各方协议约定、平台规则、账号注册主体、实际运营情况、收益权归属等因素综合予以判断。若多人合作账号未有约定的，以下两种情形须区别对待：

（1）多人合伙运营。在此种情形下，大多是属于多方就单个账号进行共同运营，需要考虑实际控制和管理情况、合作成果分配原则等因素。

（2）婚姻关系存续期间创建和运营的账号。一般来说，如果夫妻双方没有明确的约定或协议，那么根据相关法律规定和司法实践，如果该账号是以夫妻共同财产进行投资或收益，则该账号属于夫妻共同财产。在离婚时，夫妻双方可以依法分割该账号及其运营带来的收益。如果该账号是以夫妻一方个人财产进行投资，那么该账号属于夫妻一方的个人财产。离婚时，另一方不能要求分割该账号及其运营带来的收益。如果该账号是由夫妻一方或双方共同注册并管理，且账号具有一定的商业价值或人身属性，那么在离婚时，夫妻双方可以协商确定账号的归属。如果无法协商，根据法律实践，需要综合考虑对虚拟财产的保护因素以及人身因素等情况。

经典“踩雷”案例：账号“拿走”，收益补偿

赵甲与赵乙为兄妹关系，赵乙为赵甲与其女友周某合伙在淘宝网上开店提供便利，店铺以周某的名义在淘宝网上申请开设并通过审核注册，支付宝账号和淘宝店铺账户均采用周某的身份证，而由赵甲负责提供经营资金，实际店铺归属于赵甲与周某共同所有。

赵乙并不是实际的店铺所有人，但赵乙却表述店铺由赵甲与赵乙共同合伙，是因为两人无法进行实名认证而找到周某帮忙进行认证的。

各方在诉讼中提交了账户流水、发货凭证，以及微信聊天记录，均对网店进行了经营管理。后法院认定该网店是属于赵甲与周某的共同财产。

另根据《人民法院报》2023 年 07 月 20 日发布的第 03 版的内容记录的离婚调解案例[①]，男方认为两个短视频账号一直是由他负责策划、维护、经营、拍摄、设计，女方从未参与运营，该两个短视频账号具有人身属性和不可分割性，应当属于个人财产。另外两个账号停更一年多，以后是否继续经营还不确定，已经不具有价值。但法官在审理后认为，诉争运营的抖音账号是双方婚后注册，快手账户的粉丝量也是婚后发展起来的，两个自媒体账号粉丝量达到一定数量必然带来经济效益，具有财产属性，因此属于夫妻共同财产。但两个自媒体账号的注册和经营都由男方负责，具有较强的人身归属性，故在财产分割上应当采取账号归男方单独所有、补偿一定金额给女方的方式为宜。至于两个账号的价值，可以由双方自行协商，协商不成可委托专业机构进行评估。

［第一部分案例来源：（2019）浙 0726 民初 5412 号］

① 《离婚时，拥有大量粉丝的自媒体账号归谁？》，载人民法院报网 2023 年 7 月 20 日，http://rmfyb.chinacourt.org/paper/html/2023-07/20/node_4.htm

案例分析

上述案件中，强调网店系在淘宝网交易平台上设立的个人网店，用户只有通过经营活动才能将财产价值附着于网络平台，所以网店“所有权”的核心在于网店“经营管理权”，即确认网店的所有权，应审查网店由谁经营管理。

店铺本身也同自媒体账号一样，需要通过账号进行登录，并且是通过管理账号从而管理店铺，也考虑了各方在店铺运营分工方面的因素。但在实践中，多人运营账号的财产分配纠纷以及人身属性问题仍然是重点。

在行业自媒体用户使用账号的情况中，自媒体账号归属权产生纠纷的各方大多发生在账号注册人与实名认证人或账号注册人与承担管理运营等工作的个人、公司之间。

影响账号归属权的因素有以下几方面：

①账号的人身属性和可归属属性；②合同中关于账号所有权、使用收益、权益转让等问题的约定；③平台对于账号所有权转移的相关规定；④现行法律法规对于互联网用户公众账号信息服务管理的相关规定。

法院在审理账号权属相关的纠纷时也会充分考虑上述因素。

总而言之，自媒体账号的归属权之争在本质上是账号使用权之争。同时无论在行业发展过程中还是在法律实务中，账号归属权的问题始终存在很多的不确定性甚至是多样性。从笔者的角度看，殷切希望自媒体账号归属权问题有一个明确的法律规定，以方便自媒体行业在发展的过程中对于账号本身的权属有一定的依据进行判定。

“省流”版本小提示

账号归属看协议，合伙运营有门道。

特殊情况须考虑，财产人身都要瞧。

婚姻账号咋分配？共同财产共分割。

单方财产归个人，注册管理定归属。

虚拟财产要保护，法律实践来守护！

扫码听书（如阅读不便，可扫码听书）

扫一扫

第四节　可以注册多个账号吗?

2023 年 7 月 5 日，中央网信办发布的《关于加强“自媒体”管理的通知》从防止资源滥用、维护平台公平性、保护用户权益的角度出发，明确了网站平台应当严格执行“一人一号、一企两号”账号注册数量规定。需要指出的是，根据“一人一号”的规定，一个身份证在不同平台上只能绑定一个账号。在实际操作中，由于各平台对注册账号的要求可能存在差异，且部分平台允许通过手机号直接注册，因此在自媒体账号的某些功能上可能存在未进行实名认证就能使用的现象。为确保合规性，相关规范仍需进一步完善。

经典“踩雷”案例：注册多账号炒作新闻被禁事件

某市网信办于 2023 年 11 月对所属地的 MCN 机构“某人物纪”运营主体作出责令清理删除全部违法违规信息，加强内容监管审核，完善账号经营管理制度，并罚款 10 万元的行政处罚。据其描述，该 MCN 机构无相关服务许可，先后在多个网络平台批量注册运营“某某人物纪”“某某纪”“某某说”等 27 个网络账号，通过上述账号围绕舆论热度高、群众关注度大的话题确定发布内容。违规采编转载新闻类信息，集纳翻炒旧闻旧事，“标题党”炒作，干扰视听，误导公众；批量发布同质化负面信息，多平台搬运，吸粉引流，获取关注，违规营利，扰乱网络传播秩序。[①]

① 《西安市网信办依法查处违法违规 MCN 机构》，载微信公众号“网信西安”2023 年 11 月 10 日，https://mp.weixin.qq.com/s/BEhYB2Oaz0BucuIuaUCT4w。

案例分析

根据《关于加强“自媒体”管理的通知》，平台对自媒体账号的注册、运营和买卖等方面都应当进行严格的限制和管理。这些限制包括注册账号数量的限制，对未经许可或超越许可范围发布内容的限制，以及对自媒体账号买卖转让的严格管理等。主管机关和平台对于MCN或自媒体人操纵多个账号实施违规行为的情况，通常会采取全部账号联动处置的措施。这意味着，一旦发现MCN或自媒体人通过多个账号实施违规行为，主管机关和平台将会对其所有账号联动处理，包括封禁所有账号、清除所有内容、处罚责任人（如罚款、警告等）、公开曝光、要求重新认证身份（例如自媒体人在多个平台上注册了多个账号，并且其中一个账号被封禁或停用，那么可能需要重新认证身份才能继续使用其他账号）。此联动处置规定的出台，旨在加强对MCN机构和自媒体人的规范管理，有效遏制其通过操控多个账号来规避监管或实施不当行为的倾向。同时，这也向所有MCN机构和自媒体人发出了明确信号，即必须严格遵守相关规定，确保自身运营活动的合法性与合规性，避免因短暂的利益驱使而陷入严重的法律后果。

“省流”版本小提示

平台账号有限制，账号数量须掌控！

“马甲”再多法难逃，小心处置会联动！

扩展阅读：《关于加强“自媒体”管理的通知》

扫一扫

扫码听书（如阅读不便，可扫码听书）

扫一扫

第五节　遭人模仿自救指南

在发现他人仿冒账号后，可通过发表声明、平台投诉、诉讼、行政投诉、报警（在仿冒行为涉及严重的侵权或犯罪的情况下）等方式维护自身合法权益。

他人仿冒账号可能会使用与个人的真实账号相似的用户名、头像、背景图片等信息，以骗取其他用户的信任。仿冒账号的目的可能是发布虚假信息、恶意链接或诈骗信息，以获取不正当的利益。这种行为不仅侵犯了实际账号拥有者的权益，也可能导致其他用户受到损失。

经典“踩雷”案例：假冒明星家属制造虚假舆情事件

2024 年 1 月，一张微博截图火爆网络：截图中显示发文者为某知名歌手妻子，发文时间为 2024 年 1 月 4 日上午 10 时许，文字内容为控诉该知名歌手出轨。随后，微博认证为该歌手妻子超话主持人的账号率先发文指出，“不好意思某某夫妇甜甜蜜蜜在英国度假，到处周游世界，不劳烦您在这儿 P 图了”，并请所涉及人员的官方账号追究造谣者的责任。2024 年 1 月 4 日晚间，该歌手妻子通过微博发表声明称，今日流传于网络的截图“为完全伪造某某微博账号之发文”，“该文章内容不实、纯属虚构并非某某所发”。呼吁网友“不要轻易相信在网络上流传的谣言”，并保留法律追诉权[①]。事后微博社区观察员官方账号“围脖侠”特地发文表示，经过后台的检查，他们发现当事人的账号在事发当天没有发文，所以网络上流传的截图是恶意 P 图，官方还将第一个发布此消息的网友禁言了 90 天。

案例分析

冒充歌手妻子造谣丈夫出轨，该种行为已严重侵害了他人权益。“碰瓷”明星艺人和知名人士，仿冒相关账号“搞个大新闻”的问题持续存在，这不仅侵犯了他们的个人隐私和名誉权，还给受害者的形象和声誉造成了重大损害。在面对此类事件时，迅速且明确的澄清至关重要，公关层面的形象和信誉须及时维护。

仿冒自媒体账号的行为也可能涉及对公民姓名权、肖像权的侵犯。且自媒体账号有注册商标的情况下，根据《中华人民共和国商标法》第 57 条，“未经商标注册人的许可，在同一种商品上使用与其注册商标近似的商标，或者在类似的商品上使用其注册商标相同或者近似的商标，容易导致混淆的”，以及“给他人的注册商标专用权造成其他损害的”等行为，都属于商标侵权行为。

如企业名称、服务或产品尚未注册为商标或注册失败，并遭到他人仿冒，则可依据《中华人民共和国反不正当竞争法》起诉维权。《中华人民共和国反不正当竞争法》第 6 条明确了经营者不得实施下列混淆行为，引人误认为是他人商品或者与他人存在特定联系：“擅自使用与他人有一定影响的商品名称、包装、装潢等相同或者近似的标识；擅自使用他人有一定影响的企业名称（包括简称、字号等）、社会组织名称（包括简称等）、姓名（包括笔名、艺名、译名等）；擅自使用他人有一定影响的域名主体部分、网站名

①《昆凌控诉周杰伦出轨？昆凌方回应：伪造》，载浙江在线网 2024 年 1 月 5 日，https://new.qq.com/rain/a/20240104A08YOQ00。

称、网页等；其他足以引人误认为是他人商品或者与他人存在特定联系的混淆行为。”经营者如通过仿冒的公众账号，发布虚假信息或误导性信息，损害权利人的商业信息、商品声誉的均属于不正当竞争行为。

如果仿冒账号已经实际影响或损害到实际账号注册人的生活，除通过民事诉讼维权外，还可以通过向当地行政主管部门投诉或者报警处理。

“省流”版本小提示

仿冒账号风险大，商标侵权诉讼来。

不实信息别轻发，侵犯隐私名誉坏。

若被仿冒别慌张，警察后盾永远在！

扫一扫

拓展阅读：《中华人民共和国商标法》《中华人民共和国反不正当竞争法》

扫码听书（如阅读不便，可扫码听书）

扫一扫

第六节　其他代运营情况

（一）账号代运营

自媒体账号的代运营从行业来说，分为短视频内容代运营与直播带货代运营两种模式。

1. 短视频内容代运营

短视频内容代运营本质上是一种服务，其中专业团队或个人创作者负责为企业或个人管理和运营短视频平台上的内容。

这项服务涉及短视频的整个生命周期。代运营公司会负责内容的创意策划，确保视频内容与品牌形象和营销目标保持一致；还会处理短视频的制作，这可能包括剪辑、配音、音效、特效等方面的工作；发布和推广也是代运营服务的重要环节，代运营公司会通过抖音平台的多种广告推广方式，如达人推广、品牌挑战等，扩大视频内容的曝光量和关注度，还会密切监控视频的性能，根据需要进行调整，以确保实现客户的营销目标。

经典“踩雷”案例：“运营数据未达到，退还部分运营费”

某糖摄影店与某泽传媒公司签订了《抖音代运营协议》，约定某泽传媒公司在一定时间内作为某糖摄影店负责短视频 IP 建立、打造的代运营方，工作报酬 6 万元。合作期间，某糖摄影店承担产品拍摄所需物料道具、演员、化妆、服饰、场景、场地等相关费用，某泽传媒公司负责提供前期拍摄工作筹备、脚本创作、拍摄、摄影设备器材、后期剪辑制作、上传、维护等相关服务工作。合同附件中服务内容包括短视频拍摄（每月10条）、数据分析汇报、生态变现、作品推广等。某糖摄影店在合同签订后支付了部分费用，后因某泽传媒公司拍摄内容数量未达标，后某泽传媒公司拟定《补充协议》，约定在6个月合作期后，运营的账号达到以下保底指标：作品播放量达到300万，作品总点赞量达到10万，账号粉丝达到4万；如未在约定运营时间内达到承诺指标，将按照未完成比例退款。但《补充协议》由于某糖摄影店未签署导致其未能生效。最终法官结合目标任务需要双方配合的情况，酌情确定某泽传媒公司退还部分运营费。

［案例来源：（2021）皖0202民初10769号）］

案例分析

从上述案件来看，法院主要依据双方签订的书面协议以及各自分工来进行判决。

在审判实践中，短视频内容代运营的纠纷在审判时主要是依据在平等主体之间签订的代运营的合同或者协议来认定。一般合同中会约定运营数据考核目标、运营期限及全部或按比例退费条款，若代运营合同约定的考核期未满，运营数据未达到购买方预期的，购买方可以提前解除代运营合同。对于违约责任的承担，需要依据购买方和代运营方在合同履行过程中的过错进行比例分配。

同时双方在合作时，购买方应当审查代运营方在目标平台的代运营能力。主要审查代运营方团队配置是否成熟完备；了解其过往运营案例及运营数据；代运营方以往签约的合同、客户所处的层次及行业；代运营方应当认真评估内部运营人员的能力以及成本支出，对于购买方的行业特性进行充分的分析研究。

除在购买方与代运营方之间合作前需要进行的风险审查外，在此需要强调的是，作为代运营方，短视频的内容应当保证原创性或者在使用音乐、字体等素材时取得对应的授权，避免侵犯他人权益。短视频中常见的录音、录像、图像、音乐、字体、LOGO、外观，还有商标都属于不同的知识产权，受到《著作权法》《专利法》《商标法》，甚至是《反不正当竞争法》的保护。

“省流”版本小提示

扩展阅读：如果您想进一步了解更多相关内容，可以拓展阅读《中华人民共和国著作权法》《中华人民共和国专利法》。

扫一扫

2. 直播带货代运营

直播带货代运营是一项专业服务，其中专业团队负责为企业或个人管理和运营直播带货活动。这项服务涉及直播带货的整体策略和运营，主要目的是通过直播销售推广产品，增加销售额，并提升品牌影响力。

但在实践中，直播带货可能是由代运营公司协助进行单场的或者间歇性的直播，也可能是根据时间段安排的固定直播。在直播带货代运营中，代运营团队通常负责：直播策略制定、直播内容制作、直播技术支持、观众互动管理、数据分析与优化。

通过直播带货代运营服务，企业和个人能够将直播带货活动交给专业团队运营，从而最大化提升直播的销售潜力和品牌影响力。这种服务有助于提升销售业绩，同时减轻企业和个人在直播带货运营方面的压力和负担。

经典“踩雷”案例：“带货合作合同条款出现歧义”

某公司与王某签订《带货合作协议》，约定双方共同合作抖音带货，试用合作期为 1 年，试用期内所得经营利润总额，双方各占 50%。该公司负责运营管理、售前售后等事务。王某则以该公司的名义作为销售者负责抖音直播带货；合作期间该公司负责王某全部商业销售权、直播卖货以及商业卖货资源对接，并且约定 2 个月内业绩单月未达到 300 万营业额可随时解约。但双方开始合作后王某实际仅直播了 9 场，合同实际仅履行了 19 天便想要解除双方的合作。

法院认为王某在合作未满 1 个月就向某公司表达解除合同的意愿，可见王某主观上不具备积极促成合同继续履行的条件，进而采取怠于履行直播义务的行为，其消极履约放任销售额增长缓慢，导致了合同签订后首月销售额不达 300 万元的后果，并在合同签订后 1 个月届满当日以该月营业额未达 300 万元为由单方解除合同不符合合同约定，有违诚实信用，构成违约，不享有单方解除合同的权利，并且要求王某承担违约赔偿责任。

［案例来源：（2021）粤 0106 民初 61101 号］

案例分析

以上案件的审判核心还是在于对双方基于直播签署的书面协议以及各自的实际履行情况进行综合考虑。实践中直播代运营业务需要对直播代运营合同进行整体风险分析，直播代运营的合同属于平等主体之间签订的民事合同，除机构与品牌双方基于合同可能会产生的法律风险外，实际执行中可能也会涉及违反国家相关法律法规或者侵犯第三方权益的情形，在合作前双方应当对各自的资质以及执行内容进行严格的审查。

关于直播代运营合同应格外注意以下几个方面。（见表 2）

表 2　直播代运营合同风险点

序号	风险点	详情描述	应对措施
1	合同主体约定不明	代运营方与品牌方在合同中未明确主体或团队成员信息，可能导致工作成果不被认可	明确合同主体，列出参与工作的所有团队成员，并在合同中或附件中详细说明各成员职责
2	标的行为及标准约定不明	合同未明确代运营的具体行为（如孵化账号、直播带货）及具体标准（如粉丝量、观看量、直播场次等）	详细约定代运营的具体行为、标准、时间、方式等，确保合同内容明确无歧义
3	直播收益对赌协议约定不明	对赌协议未明确约定实际运营数据与约定目标差距的处理方式，可能导致纠纷	采用区间段形式约定对赌协议，明确不同完成度下的后果，如“完成度低于 60%，退还全部服务款”
4	违反法律法规与侵害第三方权益的风险	实际操作中可能违反国家法律法规或侵犯第三方权益	合作前严格审查双方资质和执行内容，确保合法合规，不侵犯第三方权益

“省流”版本小提示

账号代运营分两种：短视频内容和直播带货！

短视频代运营管内容，遇到纠纷看合同！

直播带货代运营管策略，责任目标看合同！

（二）主播和 MCN 的合约属于劳动合同吗？

通常情况下，MCN 机构与主播之间的合同内容主要包括经纪事项、经纪权限、权利许可、收入分配、资源提供、违约责任等条款，其中涵盖了委托、居间、代理等多种法律关系。在此种情形下，法院通常认为 MCN 机构与主播之间签订的上述合同在法律性质上具有委托、代理、行纪等多种法律关系，属于具有综合属性的演出经纪合同。

然而在行业里，根据 MCN 机构与主播的具体合作情况，实务中存在劳动关系或者合作关系两种形式的认定，具体情况如下表：

表 3　主播与 MCN 机构合约关系

主播与 MCN 机构合约关系	适用主播	特点
劳动合同关系	①尚在发展阶段、体量较小但具有潜力的主播；②直播时间相对固定、依赖 MCN 机构 IP 发展的主播	①内容创作一般以 MCN 机构为主导；②主播主要借助 MCN 机构的资源成长，并且被纳入公司体系以及制度下进行管理，依据劳动合同开展固定的演艺活动；③ MCN 机构须保证给予主播的报酬并且依法缴纳社保
合作关系	①本身具备商业价值的主播；②自主性较高的主播	①内容创作一般以主播为主导，增值服务（如热点建议、流量扶持、商务接洽等）则由 MCN 机构提供；②双方的法律地位平等，双方权利义务主要通过合同条款进行确定

“判定是否存在劳动关系”经典“踩雷”案例

某公司运营人员通过微信招募魏某从事网络直播，以合作的形式约定某公司向魏某提供推荐资源、流量扶持，帮助其提升人气和收益。魏某在某公司的合作抖音平台上进行才艺表演从而获得一定比例的相关演艺收入。魏某同时获得某公司的每月保底收入 4 000 元，收入不足 4 000 元时由某公司补足，同时双方约定了直播目标，当魏某超额完成直播目标时某公司向魏某多返 5% 的收益，不能达成直播目标时，返还的收益就会相应减少。双方并未签订书面劳动合同，某公司没有对魏某进行劳动管理，主播的直播地点、直播内容、直播时长、直播时间段并不固定。魏某亦无须遵守公司的各项劳动规章制度。某公司对魏某有过开会、培训等行为及对直播时的纪律均通过微信的形式作出。法院最终认定双方不存在劳动关系。

［案例来源：（2022）甘 0103 民初 3632 号］

案例分析

上述案件中魏某基于双方之间存在劳动关系提起劳动仲裁，其对双方存在劳动关系负有举证义务。是否构成劳动关系，要从公司对于主播的管理方式、收入分配、工作内容、社保缴纳情况、收入纳税明细等各方面的情况综合考量，实际在魏某与某公司之间的关系并不符合劳动关系双方之间的要求。

根据劳动和社会保障部（已撤销）发布的《关于确立劳动关系有关事项的通知》第1条规定，用人单位招用劳动者未订立书面劳动合同，但同时具备下列情形的，劳动关系成立：（1）用人单位和劳动者符合法律、法规规定的主体资格；（2）用人单位依法制定的各项劳动规章制度适用于劳动者，劳动者受用人单位的劳动管理，从事用人单位安排的有报酬的劳动；（3）劳动者提供的劳动是用人单位业务的组成部分。

劳动关系的认定独立于《经纪合同》约定的内容，若MCN机构在对主播管理时符合公司对员工管理的特性，也可能被认定为双方存在劳动关系。对于MCN机构而言，需要弄清楚自身需要何种合作形式；对于主播而言，更要清楚自身入职MCN机构时是否签订《劳动合同》、是否需要遵守公司相关的规章制度。实务中，在认定MCN与主播之间的关系时，往往涉及很多复杂的因素，需要综合考虑MCN机构与主播是否有确立劳动关系的合意、MCN机构与主播是否存在人格从属性、MCN机构与主播是否存在经济从属性等问题。

（三）签约MCN机构需要注意哪些要点

在整个签约到合作的过程中，主播签约MCN需要注意的点可以概括为：了解MCN的情况及规模、确定合作形式、核对合同内容、把控风险。

了解MCN的情况及规模：主播签约MCN机构，基本是以实现自身更大的商业价值从而创造更多的收益为目的，这就意味着自媒体账号从原本的以主播个人为中心，转变到与公司绑定，在完成签约后，账号需要入驻 MCN 机构的内容后台以及对应平台的商业后台甚至是直播公会，对外来说，会被认定为机构账号。所以在确定签约之前，要通过各种途径了解 MCN 机构的主播规模、管理模式、机构能够提供的帮助以及能够给自身创造的预期价值。

确定合作形式：实践中，MCN 机构与主播的合作形式主要分为经纪合作及商务合作两种。其中经纪合作又包括针对主播的经纪合作及针对账号的经纪合作，前者指 MCN 机构负责主播线上、线下的全部演艺事务，类似于艺人经纪，后者则指 MCN 机构仅负责主播线上某一个或多个账号的全部演艺事务。经纪合作指 MCN 机构负责演艺事务全方位的经纪事宜，包括但不限于演艺内容策划及制作、宣传推广、粉丝管理、签约代理及商务接洽等。而商务合作则仅包括商务接洽，其他的则由主播自行完成，以下作一些详细说明。（见表 4）

表 4　MCN 机构合作方式

合作类型	定义与描述
主播独家经纪合作	主播签约成为 MCN 机构旗下主播，将演艺活动及相关权益交由 MCN 机构全权代理运营。MCN 机构作为独家经纪方及商务代表，通过推广、宣传、策划、运营等活动获取收益，双方共享成果
账号独家经纪合作	主播授权 MCN 机构作为指定账号的独家合作方，享有排他性商业运作及经纪权利，包括商务洽谈、业务拓展、授权第三方使用账号素材等
账号商务合作（独家）	MCN 机构作为指定账号的独家商务签约主体，享有排他性权利，利用自身优势资源进行商业开发及运营，并以主播及账号名义进行商务洽谈与收益分配
账号商务合作（非独家）	主播授权 MCN 机构作为指定账号的商务签约主体，但不享有独家经纪代理权，其他权利义务与独家商务合作类似

经典“踩雷”案例

克劳锐在编制《2023 中国内容机构（MCN）行业发展研究白皮书》

过程中，与多位知名 MCN 机构创始人进行了深度访谈与对话，他们对于 MCN 机构的达人筛选与平台布局发表了自己的看法。其中一位机构的负责人就提到：他们目前的自营账号大概有 50 个，签约账号大概有 200 个。近一年他们的签约策略也发生了变化，之前公司更多的是以舞蹈和美食品类为主，今年他们增加了母婴、美妆和科技垂类的达人，涉及的垂类更加丰富。他们签约所考虑的核心要素是广告市场，主要根据他所在的垂类市场进行分析，包括与一些媒介沟通，从而选择一些商业发展空间相对较大、投放频率比较高的垂类达人进行合作。

另外一位机构的负责人提到：其实他们一直倡导的一件事情就是在各个平台之间进行有效联动。比如他们在 B 站去孵化一些新的 UP 主，实际上他们在给他进行内容设定的过程当中，就会提前设定一些后续可以进行营销的细节，然后他们会在抖音、小红书、微博等平台进行整体的营销，进行“话题破圈”，放在其他平台上也是一个同样的逻辑 。过去一年他们选择入驻了得物、QQ 小世界等平台。这些平台的用户群体相对来说比较垂直，像得物的目标群体一般都是对于时尚比较感兴趣、“种草”接受能力比较强的年轻人，消费转化能力还不错。像 QQ 小世界的话，它的受众整体年龄比较年轻，对于那些对游戏、生活内容感兴趣的年轻群体，转化效果比较好。①

案例分析

MCN 机构与主播在签订合同时，双方合约的主要内容及重要条款包括合作形式、合作范围、合作内容、风险提示等层面。

从合作形式来说，MCN 机构签约人员在预签约时应当与主播就合作形

①《理性签约与多平台布局，MCN 围建“内容护城河”》，载 36 氪网 2023 年 5 月 30 日，https://ishare.ifeng.com/c/s/v002Hpyv--lTamhAgtnngWwaEFBBEPpVHGiFm8Os1nNrU1ho__。

式充分协商并进行利弊权衡，选择最适合双方的合作形式。此外，双方还应当就是否独家的问题进行充分协商和确定。

从合作范围来说，双方应当在协议中对合作范围进行约定，即是否在全平台范围内开展合作、是否仅就单个账号开展合作（允许主播另起账号）、是否仅就商务侧开展合作、是否将内容侧事务纳入合作范围等。

从合作内容来说，其包括账号权属、合作年限、续约条件、收益分配、MCN 机构投入的运营经费、主播内容产出频率以及管理方式等，双方在签约过程中应当就这一部分充分协商，并尽可能对合作过程中能够预想到的细节进行详细约定，以避免产生纠纷。

从风险提示来说，MCN 机构在签约时，应当向主播解释相关的条款，并阐述合同中的重要约定。若双方在合作解除后，仍存在合作项目未完成，主播应当按照原合同的约定完成自己应当履行的义务，以及在合作解除后，MCN 公司应当帮助主播解除 MCN 或者公会的后台以及对应的商业后台，并且审查实际可能存在的限制，以保证主播在解除合作后自己或与第三方共同从事商业活动不受原合同的限制。

“省流”版本小提示

主播签约 MCN，四步要记牢：

一看机构实力强，规模情况要了解。

二定合作形式明，经纪商务要分清。

三审合同要细心，条款权益要辨清。

四挑成熟机构签，合同详尽少纷争。

独家经纪分两类，主播账号各不同。

商务合作有独家，非独也要细沟通。

（四）擅自和 MCN 解约要承担合同约定的天价赔偿款吗

结合目前实务中的判例来看，裁判机关可能会根据相关法律规定、合同性质、合同具体违约条款、合同履行情况以及 MCN 机构对主播的实际投入、主播因违约行为给公司造成的损失以及继续履行合同可能为 MCN 机构带来的收益等情形酌定违约金数额。

违约金并非约定多少或者 MCN 机构主张多少，法院就一定会判多少。在实践中，大多数主播均采取发函通知的形式，并且想以此获得单方面解约的结果。但实际上，若双方合同没有约定主播享有解除权，主播即便发函，也不会产生单方面解约的结果，所以不要产生发函了就以为解约了的错觉。

另外，较轻的违约，如延期支付分成一周或十几天，或其他轻微违约，实际上并不影响合同的履行，在此情况下，并不会赋予主播单方面解约的权利，即便是合同明确约定了也无法作为主播解约的合理事由。

在激烈的市场竞争中，各大直播平台或 MCN 机构为了确保自己的利益与主播的流量捆绑，往往都会在与主播签署的合作协议中约定类似“独家直播”“期满后两年内不得在同类型竞争对手处直播”等排他性合作条款或竞业限制条款，并动辄约定几百万或者上千万的天价违约金。主播想要在合约期内解除合作，除依据《民法典》第 562 条第 1 款、第 563 条的规定，协商一致解除或一方行使法定解除权外，更多的是依据双方约定的合同条款解除。按照目前 MCN 机构与主播的合同来看，MCN 机构通常会在合同条款中设置严格的违约责任条款，以防止主播跳槽或怠工。在 MCN 机构无过错的情况下，主播在合同层面基本不会享有解除权，主播擅自解除合作无疑会被视为违约，但 MCN 机构与主播属于合作关系，MCN 机构与主播之间签订的合同在法律性质上具有委托、代理、行纪等多种法律关系，是属于具有综合属性的演出经纪合同，尚无专门法律条文对此予以规制。

经典“踩雷”案例：“主播违约赔多少”

案例一：

陈某与辽宁某文化公司签订了《艺人经纪合同》，合同在违约责任条款第9.9条约定：若陈某跳离公司到第三方公司直播或者在合同期内与第三方签订类似于艺人经纪协议，从事与本合同有冲突的演艺活动构成根本性违约的，陈某向公司支付50万元违约金或者陈某最近18个月内最高收益的1个月收益的18倍或者剩余签约月数乘以最近18个月最高收益，取三者较高收益为准。合作期间陈某擅自终止履行合同，且擅自在抖音平台的其他账户进行直播等演艺活动。

法院认为，双方履行合同时间较短，结合被告在履行合同期间的实际收入情况及违约程度，原告要求赔偿违约金100万元过高，酌情予以调整为30万元较为合理。

［案例来源：（2021）辽01民终9773号］

案例二：

张某与某牙公司签订《主播独家合作协议》，合同约定如张某单方终止协议或违反独家条款或因其他违约行为导致公司合同目的无法实现的，均构成重大违约，公司有权收回张某在公司平台已经获得的所有收益，并要求张某按以下方法之一支付违约金：要求张某赔偿500万元，或张某在平台已经获取及能够获取的所有收益的10倍，或已履行合约期内近12个月张某获得的月平均收入乘以剩余月份的总金额作为违约金，并赔偿由此给公司造成的全部损失。

后张某违约停播，法院认为公司在张某违约后可采取补救措施，不至未履行部分的合同利益完全无法取得；且张某在停播前关注粉丝数有限，张某的违约行为给公司所造成的预期利益损失相对来说也有限，该行为所产生的影响较小。法院酌情确定主播应向公司支付违约金15万元，此案件经过一审、二审均获得同样的判决结果。

［案例来源：（2022）粤 01 民终 16419 号］

案例分析

上述案件，法院进行了酌情调整，但也会结合实际成本支出的情况综合判定。在实务中，不同的案例存在着不同的违约金判赔金额，根据对案件的梳理可知，MCN 机构如果希望通过诉讼途径获得高额的违约金判赔额，需要向法院提供明确的违约金计算依据。在大部分相关违约金判赔案件处理过程中，法院均是按照相关法律规定、合同性质、合同具体违约条款、合同履行情况以及 MCN 机构对主播的实际投入、主播因违约行为给公司造成的损失以及继续履行合同可能为 MCN 机构带来的收益，最终确定一个相对公平的违约金赔付金额。

扫码听书（如阅读不便，可扫码听书）

扫一扫

第二章

自媒体账号发布的内容是我们运营账号成功与否的关键。本章将主要介绍与自媒体账号内容发布相关的法律问题。

第一节　禁止发布的内容有哪些？

《互联网信息服务管理办法》第 15 条规定："互联网信息服务提供者不得制作、复制、发布、传播含有下列内容的信息：（一）反对宪法所确定的基本原则的；（二）危害国家安全，泄露国家秘密，颠覆国家政权，破坏国家统一的；（三）损害国家荣誉和利益的；（四）煽动民族仇恨、民族歧视，破坏民族团结的；（五）破坏国家宗教政策，宣扬邪教和封建迷信的；（六）散布谣言，扰乱社会秩序，破坏社会稳定的；（七）散布淫秽、色情、赌博、暴力、凶杀、恐怖或者教唆犯罪的；（八）侮辱或者诽谤他人，侵害他人合法权益的；（九）含有法律、行政法规禁止的其他内容的。"自媒体人进行内容创作或发布时，务必牢固树立风险意识，对于禁止性内容不予碰触。

经典"踩雷"案例："某某漫画"全网关停事件①

2018 年 5 月 8 日，自媒体"某某漫画"在今日头条等平台发布的一段短视频中，含有戏谑侮辱董存瑞烈士和叶挺烈士的内容。视频被媒体曝光后，"某某漫画"被国家级媒体点名批评，由此引发了舆论风波。各平台纷纷封禁"某某漫画"相关账号，下架相关内容；"某某漫画"随后公开赔礼道歉；主管部门依法对"某某漫画"和发布平台进行立案查处。

①《"暴走漫画"在"今日头条"侮辱董存瑞 网友：这是挑衅英烈保护法》，载百家号平台"中国日报网"2018 年 5 月 17 日，https://baijiahao.baidu.com/s?id=1600674857246215031&wfr=spider&for=pc。

案例分析

“某某漫画”的上述行为，违反了《中华人民共和国英雄烈士保护法》的“禁止歪曲、丑化、亵渎、否定英雄烈士事迹和精神”规定。董存瑞烈士舍身炸碉堡的壮举家喻户晓，充分体现了革命先烈“舍身为国、奉献为民”的崇高精神，“某某漫画”在视频中将其改成“八分堡”，涉嫌矮化和亵渎革命先烈的光辉事迹和精神。同时，“某某漫画”篡改叶挺烈士生前创作的《囚歌》，将一首体现革命先烈百折不挠的革命意志和坚定不移的政治信仰的作品，与无痛人流相关联，涉嫌歪曲、丑化、亵渎和否定英雄烈士的事迹和精神。

不仅是革命先烈的英雄事迹和精神不容亵渎和否定，像国旗、国徽、国歌，以及国家荣誉和中国特色社会主义制度等国家政策，同样不得歪曲、丑化、亵渎和否定，不得擅自将其与娱乐内容杂糅。基于此，建议自媒体人在进行内容创作时，务必牢固树立“红线”意识，对于《互联网信息服务管理办法》第 15 条所规定的禁止性内容，一律不予碰触。

“省流”版本小提示

自媒体上发内容，自制转发皆注意！
禁区界限不可越，敏感红线要警惕！

扩展阅读：可扫码阅读中国网络视听节目服务协会于 2021 年发布的《网络短视频内容审核标准细则》。

R-007
扫一扫

扫码听书（如阅读不便，可扫码听书）

wav-007
扫一扫

第二节　自媒体账号发布的内容归谁所有?

自媒体账号发布内容的权益，主要是知识产权，如果该等内容是由自媒体人创作的，则归自媒体人所有；如果系转载、搬运他人内容，则相关内容的权益仍归其创作者所有。

经典踩雷案例：《某谈交通》节目全网下架事件[1]

《某谈交通》是一档电视交通节目，由某市广播电视台制作并播出，自2005年3月首播，直至2018年5月停播，节目的主要内容是主持人开警车巡逻，寻找交通违章的人进行现场普法教育。谭某曾是某市公安局交通管理局的交通警察，根据单位安排一直担任《某谈交通》的主持人，他于2021年8月辞去公职。谭某在B站等视频网站上开设有个人账号并上传了《某谈交通》片段。2022年7月，谭某通过个人微博公开发声，称因为遭遇第三方维权，其个人账号下《某谈交通》相关内容被下架，且个人也面临千万级的索赔。由此引发舆论关注，迅速登上热搜，关于《某谈交通》节目的版权归属也引发了大量讨论。后涉事各方经过磋商，谭某得以恢复上架《某谈交通》节目。

① 《〈谭谈交通〉版权争议，谭乔最新回应！》，载百家号平台“中国品牌”2022年7月13日，https://baijiahao.baidu.com/s?id=1738182000468253421&wfr=spider&for=pc。

案例分析

《某谈交通》节目是由某市广播电视台策划并拍摄播出的，根据《中华人民共和国著作权法》的规定，著作权应该由其享有。当地人民法院在《某谈交通》节目相关案件的判决书中亦确认了这一点。在此情况下，第三方经过某市广播电视台授权，对于谭某于自媒体平台上传节目视频的投诉行为在法律上是有据可依的。

谭某根据其所属工作单位的安排，作为该档节目的出镜嘉宾参与了节目的录制。基于《中华人民共和国著作权法》的规定，无论《某谈交通》节目构成视听作品还是录像制品，谭某都无权将该节目视频上传，除非事先经过某市广播电视台的授权。鉴于此，谭某在 B 站中上传节目视频被投诉、B 站将被投诉视频下架自身并不存在问题。至于节目视频后续又恢复上架，是因为涉事各方进行了协商，推测是某市广播电视台对于谭某的上传行为补充进行了授权。

“省流”版本小提示

实践中，自媒体账号的内容往往归属于创作者所有。如果一个自媒体账号的注册人（注册所使用的手机号码的持有人）、实名认证人和账号的实际运营方是不同的主体，则该账号所发布内容的权益，原则上归账号的实际运营者 / 创作者所有。

扫码听书（如阅读不便，可扫码听书）

扫一扫

第三节　怎么区分模仿和抄袭?

模仿，是指效仿他人的行为、动作，或借鉴他人的创作主题、风格等，以此为基础独立完成内容制作或创作。以唐代大诗人李白为例，他在游历黄鹤楼时，原计划题诗，但因崔颢的《黄鹤楼》已珠玉在前，李白选择放弃。之后，在游金陵凤凰台时，他受崔颢诗的启发，创作了《登金陵凤凰台》，此诗亦成为唐诗中的名篇。这种在保留原有风格或主题的基础上进行的再创作，被视为模仿。抄袭，则是指直接借用他人作品的独创性表达的全部或部分，并窃为己有。模仿产生的内容通常不被认定为侵权，但是抄袭产生的内容通常会被认定为侵权。

需要强调的是，法律上判断“抄袭”采用的是“实质性近似＋接触”的标准，这与网友常说的“创意抄袭”“融梗”并不完全相同。“实质性近似”指的是在后作品与在先作品的独创性部分近似，在进行比较之前，还需要对在先作品进行初步分析，剔除其中非独创性表达，提炼出在先作品的独创性表达；然后，将提炼出来的独创性表达和在后作品进行比对，如果存在相同或近似之处，则可以得出在后作品抄袭的结论。“接触”则指的是在后作品的创作者在进行作品创作前或创作中有机会或者可能接触到在先作品，例如在先作品已经公开发表，又如词曲作者将其创作的歌曲小样寄送给唱片公司寻求合作灌录唱片。因此，网友所认定的“抄袭”结论有可能并不符合法律的规定。

经典"踩雷"案例

案例一："捏脸美容短视频被仿拍案"[①]

原告程某基于其自行研发的捏脸按摩手法制作了"古法捏脸美容术"教学短视频并公开发布，视频内容为展示捏脸按摩过程，同时口述捏脸步骤。后原告发现被告高某在某短视频平台上发布的短视频内容与其捏脸按摩手法相似。原告认为，其捏脸手法在动作设计上具有独创性，且相关教学视频已进行版权登记，构成视听作品。被告未经许可擅自模仿其捏脸手法制作并发布被诉侵权短视频，侵犯其就捏脸短视频享有的复制权、发行权、信息网络传播权。故诉至法院要求被告承担停止侵权、赔礼道歉和赔偿损失的侵权责任。

【案例一分析】

法院经审理认为，捏脸手法系通过不同的动作产生的刺激来促进面部肌肉的改善，或许有一定的功效，但《著作权法》保护的是能传递思想、感情、信息或展示美感的特定表达。上述动作并非思想、情感的表达，既不展现文学艺术之美，也不展现科学知识，故不属于文学、艺术和科学领域内的智力成果。上述一系列动作按照规定的方法施行，本质上属于一种方法、步骤，并非《著作权法》保护的作品。在此情况下，即便被告模仿原告的捏脸手法，也不构成著作权侵权。此外，原告制作并发布的视频明显是固定机位的定点拍摄，应认定为录像制品，不构成视听作品，被告未直接使用该录像制品，而是另行录制视频，因此未侵害原告享有的录像制作者权。基于上述原因，法院最终判令驳回原告全部诉讼请求。

自媒体场景下常见的模仿主要包括两类：一是基于同样的操作方法和行

① 《4·26特辑丨捏脸美容短视频被仿拍？法院：短视频仅构成录像制品，被告未直接使用不侵权》，载微信公众号"北京互联网法院"2023年4月12日，https://mp.weixin.qq.com/s/SxFZj7I0VlGu2sGFFXsFqQ。

为制作的视频，例如此前风靡一时的“冰桶挑战”视频；二是基于自媒体平台提供的“拍同款”功能制作的视频。这二者原则上都不受著作权法保护。著作权法所保护的是文学、艺术和科学领域具有独创性的作品，操作方法或步骤不属于著作权法的保护对象，任何人均可自由使用；而“拍同款”除了平台提供的相同的背景音乐之外，其余内容均由用户自由添加照片自动生成，前后两个视频更多的是选题和创作风格的相似，而选题和创作风格并不受著作权法所保护。

案例二：汽车公司广告文案抄袭案①

2022年5月21日，在传统节气“小满”当天，某汽车公司发布了一则主题是小满的视频广告，引发公众广泛转发，该视频的文案文字优美，内容引人深省。同日，抖音用户“北大某哥”公开发声，指控该汽车公司的广告涉嫌抄袭他于2021年发布的一条视频文案。一石激起千层浪，该汽车公司因此紧急下架了被控侵权的视频并公开致歉，随后广告制作方也发布道歉声明，甚至连广告代言人也发文表示对此深感遗憾。

【案例二分析】

对比被控侵权视频的文案和“北大某哥”在2021年发表的文案，可以发现二者高度一致。“北大某哥”的在先视频文案属于《著作权法》下的文字作品，受《著作权法》保护；被控侵权视频的文案直接援引了在先作品的主要部分，并未事先获得“北大某哥”的授权，显然属于抄袭，构成著作权侵权。事件至此本应圆满结束，但随后网友们发现“北大某哥”主张权利的文案与微博账号@尤某在2017年6月5日发布的博文整体近似，一时间，舆论风向转变，对“北大某哥”的指责声渐起。5月25日，“北大某哥”再次公开发声，称“目前三方已经达成协议，把去年小满作品文案进行免费授

①《奥迪广告抄袭事件，各方道歉后谁担责？》，载澎湃网2022年5月22日，https://baijiahao.baidu.com/s?id=1733530947662188081&wfr=spider&for=pc。

权”，并表示其没有收钱，商业诉求从不是他的目的。至此，事件了结。

“省流”版本小提示

模仿就是学人家，抄袭是偷没商量。

法律判断有标准，“近似”“接触”不能忘！

扫码听书（如阅读不便，可扫码听书）

扫一扫

第四节　被抄袭时应该怎样维权？

在自媒体运营过程中，如发现被他人抄袭作品，可以按照如下流程处置：

表 5　被抄袭后的处理流程

步骤	详细说明
第一步：初步调查与证据收集	调查侵权账号信息：包括粉丝数、多平台发布情况、侵权内容数据（播放量、收藏量、点赞量、评论数等）、商业变现情况（如带货、接广告等）、所属 MCN 机构、是否惯犯等，以此评估侵权严重程度。 收集权属证据：著作权登记证书（非必须）、创作过程与素材、全网率先发布记录等。
第二步：证据固定	将发现的抄袭行为按照法律所要求的形式固定下来：并非简单的截图或者手机录像，而是使用法院认可的电子取证工具（如时间戳、IP360、存证云等）。 电子取证的信息应包含：侵权行为发生的时间（通过取证设备的系统时间或百度查询“北京时间”确定）、平台（从应用市场下载 App，在取证时展示该 App 的开发者和用户协议信息，如果取证手机已经下载过该 App，建议先删除）、实施了侵权行为的账号（访问该账号的主页，展示其昵称、ID 或其他可以识别主体身份的信息）、具体的侵权行为（完整浏览侵权内容，展示全貌，如果是视频且时长不长，建议完整播放）、侵权内容的传播情况（如浏览量、收藏量、点赞量等）。司法实践中，如果只有手机截屏或者录屏，一旦侵权方删除了侵权内容并矢口否认侵权行为存在（这种情况在诉讼中并不少见），则有可能导致败诉。
第三步：启动维权	对于普通侵权行为：发送侵权告知函要求下架、通过平台投诉解决。 对于严重侵权行为：在投诉的同时或之后，向法院提起诉讼要求赔偿。除此之外，也可以向文化市场综合执法大队进行著作权行政投诉或向公安机关报案，但这两种救济路径的难度和投入较大，启动前要慎重考虑。

经典“踩雷”案例：刘某某诉抖音博主“懂懂FM5200”和微播视界公司抄袭案

原告刘某某创作完成了文字作品《史记·袁隆平传》，并将其发表在微信公众号上。后原告发现，抖音账号“懂懂 FM5200”发布的视频文案涉嫌抄袭其文字作品，二者的内容高度重合，该抖音账号由被告二梁某某运营。于是原告在侵权视频下留言，要求被告二下架侵权视频，但被拒绝。后原告向抖音平台投诉，平台虽然对该账号进行了处罚，却未下架侵权视频。在此情况下，原告决定向法院提起诉讼。

根据网络公开信息，为了准备起诉，原告刘某某先花费了 2 260 元对“懂懂 FM5200”的侵权行为进行了公证；后又花费了 15 000 元聘请了专业律师代理本案，然后才将“懂懂 FM5200”的运营者梁某某和抖音平台的运营者北京微播视界公司，一并诉至广州互联网法院。法院经审理认为，二被告的行为构成侵权，判令被告一在本判决书生效之日起 3 日内删除涉案侵权视频；被告二在本判决生效之日起 10 日内赔偿原告 12 000 元（含经济损失和合理费用），被告一对其中 5 000 元承担连带责任；驳回原告其他诉讼请求。

［案例来源：（2021）粤 0192 民初 18067 号］

案例分析

众所周知，国内自媒体平台普遍采取“后台实名、前台自愿”原则，前端通常只能看到自媒体账号的昵称、ID 等，而且后台实名指的是基于手机账号的实名，而不是基于身份证的实名。这就决定了如果你要起诉一个自媒体账号的侵权行为，往往需要先起诉自媒体平台，要求自媒体平台披露该账号的实名认证信息，然后才有可能起诉具体实施侵权行为的自媒体账号。此外，对于这类侵权案件，即便认定其构成侵权，判赔金额通常也比较低。正如上述案件，法院判决的赔偿金额 12 000 元，甚至都无法覆盖刘某某为启动诉讼所花费的费用。

“省流”版本小提示

发现抄袭别发愁，处置流程记心头：

一调查，证据收，侵权账号粉丝多不多？播放点赞量瞅瞅。

MCN 机构签约否？惯犯行为要留神，权属证据轻松凑！

二固定，证据牢，电子取证不可少。

时间戳、IP360，截图录像要完整，侵权行为全搞清。

三维权，手段挑，告知函发侵权消，平台投诉效率高。

若是侵权数量大，诉讼赔偿也难逃。

行政投诉也可选，报案公安酌情要。

起诉流程长且耗，费用垫付先备好。

胜诉赔偿未必高，权衡利弊再抉择。

选择维权须慎重，合理维权不可少。

扫码听书（如阅读不便，可扫码听书）

扫一扫

第五节　搬运或抄袭他人内容面临哪些风险?

搬运或抄袭他人内容主要面临着著作权侵权风险。对于他人创作或制作的视频、音频、图文内容，著作权由他人享有，未经合法授权，任何第三方不得复制、上传和传播该等内容，否则会被认定为侵权行为。对于短视频，尽管时长较短，但只要其满足独创性要求，仍会被视为视听作品（旧著作权法称为“类电影作品”），受著作权法保护。即便其不满足独创性要求，无法构成作品，但仍会被认定为录像制品，同样受著作权法保护。

侵犯他人著作权可能导致的后果，主要取决于权利人采取何种维权措施。如果权利人采取平台投诉，则实施侵权行为的自媒体人面临着作品被下架、平台处罚（包括但不限于禁止更新、临时封号等）；如果权利人提起民事诉讼，一旦侵权成立，则实施侵权行为的自媒体人将承担下架侵权内容、赔礼道歉、赔偿损失等责任；如果权利人向平台属地文化市场综合执法大队投诉，执法大队会对实施侵权行为的主体予以行政处罚；在极端情况下，如批量搬运他人内容且达到一定数量，侵权行为人甚至可能构成侵害著作权罪，面临着刑事处罚，包括但不限于罚没违法所得、处以罚金或有期徒刑。

经典“踩雷”案例：全国首例利用他人短视频制作商业广告案①

原告刘某某独立创作完成了一段时长两分钟左右的视频并通过个人账号将视频上传至某社区公开发布，内容是其自驾某品牌汽车至崇礼滑雪。后原告发现，被告运营的微信公众号和微博账号发布了题为《某某牌全新XC冰雪试驾体验》的文章，该文章开头所配的视频与刘某某创作的视频完全一致。前述账号由被告上海某某科技有限公司所有和运营。原告认为被告利用其所创作的视频进行商业宣传牟利，其行为侵犯了原告对该视频享有的署名权和信息网络传播权，请求法院判令被告停止侵权，并在其运营的微信公众号和微博账号首页显著位置连续15天刊登致歉声明，同时赔偿经济损失100万元及合理开支38 000元。被告辩称，其和案外人上海某某文化传媒公司签署了媒体合作协议，涉案视频是案外人提供的，其不构成侵权②。

案例分析

法院经审理认为，原告视频由拍摄者使用专业摄像设备拍摄，并将多个拍摄素材剪辑组合而成，记载了驾驶某品牌新款汽车前往崇礼滑雪的系列画面，其中有对该款汽车整体外观、内部仪表盘、变速箱、后备箱感应启动等进行展示的特写画面，还有利用无人机拍摄驾车行进的画面及崇礼雪景和滑雪画面等。视频的拍摄和剪辑体现了创作者的智力成果，视频虽时长较短，但属于具有独创性的类电影作品。被告未经授权擅自使用原告作品构成侵

① 刘某某诉上海一条网络科技有限公司侵害著作权纠纷案，北京市海淀区人民法院民事判决书（2018）京0108民初34939号。

②《全国首例广告使用短视频侵权案一审宣判赔50万元》，载百家号平台“新民晚报”2019年4月26日，https://baijiahao.baidu.com/s?id=1632036680832265537&wfr=spider&for=pc。

权。综合考虑各种因素，尤其是涉案侵权视频阅读量高达40余万以及被告发布的广告刊例价，判令被告赔礼道歉并赔偿原告经济损失及合理开支共计50余万元。

"省流"版本小提示

搬运抄袭风险大，切勿侵犯著作权。

转载作品须授权，批量搬运很危险。

轻则道歉被封号，重则判刑和罚款。

扫码听书（如阅读不便，可扫码听书）

扫一扫

第六节　怎么区分言论自由和侮辱诽谤？

自媒体人在创作内容时，少不了对社会事件和 / 或其当事人予以描述和 / 或评价，追逐社会热点的内容尤其如是。在此过程中，准确界定内容是否侵害他人的名誉、荣誉和隐私显得十分重要。因为稍有不慎，就会使得创作内容变成违规内容或侵权内容，轻则导致内容下架、平台处罚，重则被追究违规责任和 / 或侵权责任。

为保证内容合法合规，建议在创作过程中遵循如下规则。

首先，在内容制作时，要区分清楚事实部分和评论部分。

对于事实部分，尽量援引官媒或者主流媒体的报道，保证事实部分尽可能地全面、客观。如果当事各方对于事件都有公开声明或回应的，应该都予以展示，而不是厚此薄彼。涉及国内外时事、公共政策、社会事件的，更要谨慎点评。中央网信办发布的《关于加强“自媒体”管理的通知》第 3 条“规范信息来源标注”要求：“‘自媒体’在发布涉及国内外时事、公共政策、社会事件等相关信息时，网站平台应当要求其准确标注信息来源，发布时在显著位置展示。使用自行拍摄的图片、视频的，需逐一标注拍摄时间、地点等相关信息。使用技术生成的图片、视频的，需明确标注系技术生成。引用旧闻旧事的，必须明确说明当时事件发生的时间、地点。”对于评论部分，建议不做过度引申、上纲上线，只进行合理的推理，避免使用侮辱或明显具有贬义性的词汇。

其次，注意保护当事人个人信息或者隐私。个人信息的基本特点是具有识别性，公众可以根据单条个人信息，或者与其他个人信息相结合锁定某个个人。隐私信息的基本特点是私密性，包括自然人的私人生活安宁和不愿为他人知晓的私密空间、私密活动、私密信息，例如家庭住址、私人活动轨迹、性取向、自然人基因信息、病历资料、健康检查资料、犯罪记录等。因此创作者在其作品中对于涉及他人个人信息的内容应当做打码处理，对于涉及他人隐私信息的内容应当主动删除。

经典“踩雷”案例：网络大V转发不实言论被判赔10万[①]

粉丝数量高达486万的大V周某某，通过其个人账号转载了一篇关于陈某学术造假、个人感情生活等内容的文章，当日即引发6 300多次转载、2.2万余条评论及近66万次点赞，涉案话题一度登上该平台热搜榜。陈某以侵犯名誉权为由将周某某诉至北京互联网法院，要求判令周某某公开赔礼道歉并支付精神损害赔偿。周某某辩称，其仅是转载网络文章，并发表了猜测性的言论，对该事件始终持中立态度，主观上不具有侵权故意，客观上不存在侮辱、诽谤陈某的行为，未侵犯陈某的名誉权。

案例分析

法院经审理认为，原告作为公众人物，在接受社会舆论监督和满足社会公众知情权方面负有容忍义务，但涉案博文内容的真实性缺乏客观依据，超出舆论监督合理范围。被告为引导话题走向、吸引流量，通过其账号发布文章，同时利用附带讨论话题的方式进一步传播、扩散言论，却未对文章中带有贬损、诽谤的内容尽到合理核实义务，存在主观过错。涉案博文短时间内在网络上引发高度关注，受众人数多、影响范围广，足以导致原告的个人声

---

①《发布不实言论486万粉丝“大V”被判赔10万》，载微信公众号“北京互联网法院”2023年7月25日，https://mp.weixin.qq.com/s/S8Mpy3PkghiIBwxFDFkkGg。

誉及社会评价降低，致使原告名誉权受损。最终判令被告通过涉案网络平台账号公开发布道歉信向原告赔礼道歉，并向原告支付精神损害赔偿人民币10万元。

“省流”版本小提示

创作内容把好关，名誉隐私莫侵犯。
个人信息打好码，隐私内容及时删。
评论合理不过度，援引官媒更客观。

扫码听书（如阅读不便，可扫码听书）

扫一扫

第七节 利用他人歌曲制作视频时如何获得相关权利人的授权？

创作者制作视频时经常需要插入一些音乐，除了使用一些已经进入公有领域的歌曲外，使用他人的音乐原则上需要得到他人的授权。部分自媒体平台会提前采购部分歌曲的版权，然后以曲库形式免费提供给用户使用，协助平台用户解决视频背景音乐版权问题。但需要注意的是，利用平台曲库制作的视频：其一，传播范围限于该平台自身，如果将视频上传至其他平台，因为超出了授权范围，一旦其他平台未提前购买音乐版权，会被认定为侵权；其二，如果将平台曲库内的歌曲商用，如用于广告、短剧等，则需要单独获得授权，否则也会被认定为侵权。

实践中，创作者们总会对以下两个问题产生疑问。

（1）QQ 音乐、网易云音乐、酷狗音乐、酷我音乐等音乐平台上的付费会员，可以直接下载歌曲用作视频的背景音乐吗？答案是否定的。这些音乐平台上提供的音乐，仅限于用户个人学习和欣赏，并不包括其他用途。所以，将他人音乐用作自己创作的视频的背景音乐，并上传到互联网平台公开传播，明显超出了上述范畴，不被法律所允许。

（2）只使用一小段音乐会构成合理使用吗？答案也是否定的。合理使用制度主要适用于为个人学习或欣赏，或者为评价某一音乐作品或者说明某一艺人的音乐风格等场景，而利用他人音乐制作短视频，并通过账号发布、公开传播，显然不属于上述合理使用的情形。

那么，怎样才能得到相关音乐版权人的授权呢？

第一步：确定词作者、曲作者、表演者和录音制作者及实际管理人。（见表6）这一步十分简单，通过在线音乐平台，如网易云音乐、QQ音乐、酷狗音乐等查询即可。这些平台上通常都会有歌曲的作词、作曲、演唱者、唱片公司等信息。需要注意的是，歌曲版本不同（如录音室版、现场版、翻唱版），可能会导致上面的信息出现差异。所以在查询之前，应确认好具体版本。

表6　音乐版权权利人及其权利类型

权利人	权利类型	实际管理人
词作者	词著作权	实践中情况比较复杂，有的由词曲作者自己管理，有的委托给唱片公司代理，有的委托给集体管理组织（如中国音乐著作权协会）管理。每一首歌曲都要单独确认
曲作者	曲著作权	
表演者	表演者权	唱片公司或者制作人（表演者所享有的表演者权，根据事先签署的合同，通常会由唱片公司或者制作人享有或者代理）
录音制作者	录音制作者权	

第二步：联系权利人。通常来说，歌曲录音版权方（含表演者权版权方）的信息相对容易找到并建立联系。通过在线音乐平台确认唱片公司或制作人后，可以进一步访问唱片公司或制作人或代理人的官网找到对应的联系方式，也可以到微博或者其他社交媒体上，找到唱片公司的官方认证账号，私信即可。

但是联系词曲版权方会比较麻烦。一方面是因为多数词曲版权是由词曲作者之外的主体管理或者代理，甚至层层转手，由于前述信息都未公开，所以确认一首歌曲在某一区域的代理商通常会耗时耗力，这对不熟悉音乐行业的人士尤其如此；另一方面，即便是词曲版权未发生变动，仍掌握在原始词曲作者手中，但考虑绝大部分词曲作者往往声名不显，仅凭一个名字就想着按图索骥、准确找到对应词曲作者的联系方式，概率甚微。这里有一个小诀窍，可以在联系到录音版权方之后，询问他们是否有歌曲词曲版权方的信息。笔者在此也提供几个简单的词曲版权方的公开查询路径供参考。华语音乐作品通常可以通过中国音乐著作权协会的官网、台湾地区的MUST和香港地区的CASH进行查询；英语歌曲，尤其是欧美歌曲，通常可以通过ASCAP、SESAC、BMI的官网进行查询。

经典“踩雷”案例：国内MCN短视频商用音乐第一案[①]

视频博主“某某研究所”在其发布的一则手机测评视频中，擅自使用了日本某音乐公司享有著作权的歌曲为背景音乐。根据原告取证材料，侵权视频播放近600万次，转发近4万次，评论超过5万次。北京某未文化传媒有限责任公司（以下简称“某未文化公司”）经日本音乐公司授权，依法享有此歌曲在中国大陆地区的排他性著作财产权和维权权利。因此，就“某某研究所”擅自使用歌曲作为背景音乐的行为，某未文化公司在尝试沟通无果后，向北京互联网法院提起诉讼，要求二被告——“某某研究所”所在的北京某某听雷网络科技有限公司（以下简称“某某听雷公司”）和发布这条视频的徐州某某自在网络科技有限公司停止侵权，并赔偿经济损失和合理开支合计257 041元。

案例分析

北京互联网法院经过审理认定，某某听雷公司在制作短视频时，使用未经授权的涉案音乐并将其上传至网络的行为侵犯了涉案作品录音制作者权中的信息网络传播权。而徐州某某自在网络科技有限公司仅是该视频发布平台的备案方，在案证据不足以证明其系该网站的经营者。法院最终判令某某听雷公司赔偿某未文化公司经济损失4 000元及合理支出3 000元，共计

① 北京音未文化传媒有限责任公司与徐州自由自在网络科技有限公司、北京春雷听雨网络科技有限公司侵害录音录像制作者权纠纷案，北京互联网法院民事判决书（2019）京0491民初22014号。

7 000 元。

“省流”版本小提示

用音乐，需授权，否则侵权风险误；
找素材，先寻主，词曲作者不可误；
表演者，录音者，实际管理也别疏；
合法授权要取得，作品合法才稳固。

扫码听书（如阅读不便，可扫码听书）

扫一扫

第八节　直播间内播放歌曲侵权吗?

主播在直播时经常会播放他人歌曲，但是如果未取得相关歌曲著作权人的授权，会侵犯他人的合法权益，具体包括侵害词曲作者的广播权和录音制作者的获酬权。如果将直播录像并提供直播回看，则会进一步侵害词曲作者、表演者和录音制作者的信息网络传播权。在此情况下，直播间播放歌曲的行为一旦被相关权利人发现，可能会被投诉甚至起诉，面临着直播平台的处罚和/或赔偿责任。

不得不说，当前阶段，主播在直播间擅自播放他人歌曲作为背景音乐的现象普遍存在，尤其是在秀场直播中。但这并不能否认行为自身的违法性，而且形势正在发生变化，近几年越来越多的权利人开始积极维护自身的合法权利，对侵权行为启动维权诉讼。2020 年修订的《著作权法》第 45 条增设了录音制作者对广播行为的获酬权后，很多录音录像制作者开始尝试据此获得更多营收，而直播间播放背景音乐显然是目前可见的最大块“蛋糕”。2022 年 7 月，经过前期多次会议讨论后，中国音像著作权集体管理协会曾公布了一份《互联网直播中使用录音制品付酬标准（草案）》，对于在泛娱乐直播和带货直播中使用歌曲作为背景音乐和 K 歌行为给出了相应的收费标准[①]。

直播间播放背景音乐还需要获得词曲作者的授权。如前所述，词曲著作

---

①《直播间使用音乐收费标准出炉最高 1 万元 1 年》，载百家号平台“潇湘晨报”2022 年 7 月 28 日，https://baijiahao.baidu.com/s?id=1739561686965063647&wfr=spider&for=pc。

权的分布比较分散，除了词曲集体管理组织中国著作权协会管理的部分外，还有大量散布在唱片公司、词曲代理机构和词曲作者手中。这决定了词曲著作权的授权、付费标准和流程会较录音制作者权更为复杂。如果再加上直播回看场景下的词曲作者、表演者和录音制作者四方的信息网络传播权授权，事情的难度进一步增加。鉴于此，最终解决方案的出台仍需集体管理组织、其他权利人、直播平台和主播的多方协商和博弈，以及主管机关的协调，短期内恐难一蹴而就。

经典“踩雷”案例：“斗鱼一姐”直播中播放他人歌曲被判侵权案[①]

2018 年，斗鱼主播“冯某某”直播期间，播放了歌曲《恋人心》，时长 1 分 10 秒。在播放歌曲前，主播和直播间用户互动说，“一起安静听歌”；在歌曲播放过程中，主播不时和用户解说互动，并感谢用户打赏，还哼唱了该歌曲中的“长江水”三个字。直播结束后，该直播视频被以直播回看的形式上传至斗鱼平台，用户可以随时点播观看。中国音乐著作权协会（以下简称“音著协”）经该歌曲词曲作者授权，以信托形式管理该歌曲。音著协认为斗鱼平台侵犯了其合法权益，在发函未达预期目的的情况下，向北京互联网法院提起诉讼，要求斗鱼平台：（1）停止使用涉案歌曲《恋人心》；（2）赔偿歌曲使用费 3 万元；（3）赔偿合理支出 12 600 元。

① 中国音乐著作权协会诉武汉斗鱼网络科技有限公司侵犯著作权纠纷案，北京互联网法院民事判决书（2018）京 0491 民初 935 号；北京知识产权法院民事判决书（2019）京 73 民终 1384 号。

案例分析

法院经审理认为，根据《斗鱼直播协议》，主播在斗鱼直播平台直播期间所产生的所有成果的知识产权、所有权等，均归斗鱼公司所有。斗鱼公司作为涉案直播回看视频的权利人，应该对涉案视频中的侵权内容承担责任。因此，斗鱼公司直接提供包含涉案歌曲《恋人心》在内的视频，侵犯了音著协对该歌曲享有的信息网络传播权。最终判令斗鱼公司赔偿音著协经济损失2 000元、合理开支3 200元。

“省流”版本小提示

主播直播放歌曲，未获授权就侵权。

词曲作者广播权，录音作者获酬权。

直播录像回看时，警惕侵犯传播权。

擅自播放虽普遍，自身依然要规范！

扫码听书（如阅读不便，可扫码听书）

扫一扫

第九节　直播间内翻唱他人歌曲侵权吗?

在直播间未经授权演唱他人歌曲，会构成侵权。

按照使用内容的多寡，主播在直播间翻唱歌曲可以分成两类：第一类是仅使用词曲的清唱；第二类是使用了伴奏的演唱，其中第一类侵犯了词曲作者的著作权；第二类除了侵犯词曲作者著作权外，还同时侵害了录音制作者的获酬权。如果将直播录像并提供直播回看，则会进一步侵害词曲作者的信息网络传播权和录音制作者的信息网络传播权。关于歌曲音频上存在的权利类型及权利人，可参考本部分项下问题“利用他人歌曲制作视频时如何获得相关权利人的授权”的答复。

实践中，经常会有主播认为其未借助翻唱行为牟利，或者仅是清唱几句，不构成侵权。这两种观点都是错误的。分析如下：

之所以说未获利所以不侵权的观点错误，就在于著作权侵权认定并不以获利为构成要件，只要主播未经授权实施了著作权人控制的专有行为，即构成侵权。主播是否由此获利，通常仅是法院在诉讼案件中酌定赔偿金额时考虑的因素之一，并不会影响侵权定性。此外，主播通过翻唱行为吸引粉丝，即便当场没有接受“打赏”，但至少增加了直播间的流量，为后续的商业变现铺平了道路。“直播的尽头是带货”，这句行业俗语是对这种行为最好的诠释。从这个层面上说，前述未获利的主张也是不成立的。

主播即兴哼唱了几句，没有把一首歌曲完整唱完，仍然构成侵权。使用内容在整首歌曲中占比的多寡，仅是衡量是否构成合理使用的要素之一，但不是唯一要素。我国《著作权法》第 24 条规定了“合理使用”制度，允许他人在满足特定条件的情况下使用他人享有著作权的作品。但需要注意的是，主播的哼唱行为并不属于法律所规定的合理使用中的任何一种，如“为个人学习、研究或者欣赏，而使用他人已经发表的作品”。主播通过直播公开传播音乐作品，显然超出了个人欣赏之目的。此外，主播在直播间内表演才艺的目的是吸引用户，最终通过打赏、带货或其他手段进行商业变现，因此其直播行为仍是一种商业行为。鉴于此，主播在直播期间哼唱歌曲的行为原则上并不属于合理使用。当然，上述分析并不是彻底否认哼唱行为构成合理使用的可能性，在极端情况下，例如只是即兴哼唱了一句，考虑其在整首歌曲中占比极低，也是有可能被认定为合理使用的。在此前的法院判例中，对于影视剧中角色在特定场景下即兴清唱 1 至 3 句歌词的行为，法院曾认定角色的清唱行为构成合理使用。

经典“踩雷”案例：某某公司诉主播舒某翻唱歌曲案[①]

广州某某文化传播有限公司依法享有涉案歌曲《爱过你这件事》的著作权，有权对侵权行为进行维权。舒某系“YY”平台的主播，其擅自在直播间内演唱了《爱过你这件事》，并与在线观看粉丝实时互动；并于直播完毕后上传了直播回放视频至其主页下，供用户点击、浏览、播放、分享。上述行为侵害了某某文化传媒有限公司对歌曲依法享有的词曲著作权下的广播权和信息网络传播权，故诉至法院请求判令舒某：（1）在“YY”平台首页及 www.yy.com 网站首页显著位置连续 30 天道歉；（2）赔偿经济损失及合理费用共计 30 000 元；（3）承担本案诉讼费用。

① 广州齐鼓文化传播有限公司诉舒某侵害作品信息网络传播权纠纷案，广州互联网法院民事判决书（2022）粤 0192 民初 449 号。

案例分析

法院审理认为，舒某在未经授权的情况下，通过网络直播传播他人作品的行为侵犯了原告的广播权；上传直播回放视频至其主播页面供用户在线浏览、播放的行为侵犯了原告的信息网络传播权。综合考虑案涉音乐作品的独创性、创作成本、知名度、传播范围等因素，判令舒某应赔偿原告经济损失（含维权合理开支）1 000 元。赔礼道歉是当信誉、名誉及精神等与人身权或人格权相关权利受到侵害时才适用的一种民事责任，本案中，原告并未提交证据证明被告的行为使其声誉受损或产生不良社会影响，故法院驳回了该项诉讼请求。

“省流”版本小提示

直播间唱他人歌，未经授权即侵权。

未经授权需谨慎，规范行为避风险。

扫码听书（如阅读不便，可扫码听书）

扫一扫

第十节　直播 PK 有什么限制?

不同主播之间“连麦”是提升直播间热度的重要手段。在“连麦”过程中，经常会出现不同主播之间互相 PK 的情形，这是主播常用的活跃直播间气氛的方式之一。但在 PK 过程中，部分主播为吸引眼球，“斗狠”“打擦边球”“走极端”现象频出，造成不良社会影响。各平台均发布了相关文件对此进行限制。

经典“踩雷”案例：唐某某3人因低俗直播PK被行政拘留①

2023 年 6 月 15 日 22 点左右，唐某某、段某某、唐某飞 3 人在直播平台进行直播 PK 时约定，输的一方要用蜜蜂叮咬自己的嘴和隐私部位。由于此类惩罚涉嫌低俗，易导致直播间被封，唐某飞遂建立微信群，将直播间用户引导至微信群，然后将接受惩罚的低俗视频私发给粉丝及新建的微信群内。同时，3 人还发布某博主被活埋的不实信息，造成了恶劣影响。

案例分析

湖南省株洲市茶陵县公安局网安大队查明此案件的相关事实后，认为 3 人行为造成恶劣影响，严重破坏社会秩序，以寻衅滋事为由依法对 3 人予以

①《低俗直播打 PK，三名网红被拘！》，载百家号平台“菏泽网警”2023 年 6 月 19 日，https://baijiahao.baidu.com /s?id=1769838192263253117&wfr=spider&for=pc。

行政拘留。

综合主管机关此前发布的规范性文件和各直播平台发布的直播PK细则，目前明确禁止的PK主要包括“逞勇斗狠”“低俗惩罚”“拉帮结派、哗众取宠”“叫嚣引战”“现金交易”五类。（见表7）

表7　违规类型及其具体表现

序号	违规类型	具体违规表现
1	故意制造冲突，营造不良直播氛围	（1）发表不良言论，谩骂/侮辱连麦主播或直播间观众； （2）利用言语上的挑拨，刻意制造冲突，激发连麦双方主播之间或观众之间的矛盾。
2	利用低俗惩罚或者低俗游戏，刻意制造低俗氛围	（1）在直播间进行带有性暗示、引发性联想的惩罚行为，如：①涉及隐私敏感部位的低俗行为，如：胸爆气球、剪内衣/内裤等；②故意聚焦/凸显身体隐私部位，或以隐私部位为卖点做出低俗动作，如：抖胸、抖臀、扭胯等；③带有低俗类言语、性诱惑、引发性联想的行为；④其他带有性暗示、容易引发性联想的行为。 （2）故意自残自虐，或可能有碍身体健康、容易引起不适观感的行为，如：①自残、自虐，以摧残身体为目的的不良行为；②过激体罚，即具有一定危险性，或者超出常规承受范围，容易伤害身心健康，或易被他人模仿的过激/危险行为。 （3）刻意博眼球、吸引关注的低级趣味行为，如：①以过量饮食、吃异物/刺激性食品为噱头的低级趣味行为。如：大量喝水、喝酱油、生吃鸡蛋、喝酒等；②故意采取博眼球、吸引关注、容易降低观众观感的行为。如：喝洗脚水、剃头发、破坏个人财物、钻垃圾桶、电话骚扰陌生人、户外恶搞路人等；③其他有违公序良俗、传播不良社会风气、可能降低用户体验的低级趣味行为。 （4）刻意规避平台管理、变相进行不良惩罚的行为，如：①以背对镜头、遮挡镜头或画面规避等恶意规避平台管理的方式进行不良惩罚，以此达到博取观众眼球效果；②通过引流线下、引流私信等的方式，发送不良PK惩罚视频，恶意规避平台管理，以此达到博取观众眼球效果。
3	拉帮结派，哗众取宠	（1）以“八卦、爆料、战队”等为主题，变相组织粉丝、群组、家族形式的行为，或容易导致粉丝大规模聚集、站队、讨论主播绯闻、互相做任务刷数据的有序组织行为，或利用“兄弟之情”“江湖义气”经营小圈子，宣传江湖结义“歃血为盟”等价值观。 （2）制造或宣扬畸形审美内容，颠覆传统道德观，以荒诞、滑稽为特征，进行错位、夸张、怪异、不合常规的内容展现等违规行为。

续表

序号	违规类型	具体违规表现
4	叫嚣引战，约架打架	（1）刻意在直播中展示暴力冲突行为，包括但不限于发生肢体冲突互相殴打、展示管制器具放狠话约架，或在直播中以自身打架约架经历宣扬暴力思想、怂恿他人打架； （2）在直播中PK约定线下打架等博眼球惩罚，以“助威”“撑场面”为由邀请好友、观众线上线下围观，扰乱社会生活秩序。 （3）在直播过程中按“好友反目”等策划剧情展开演绎，制造紧张对立的直播氛围并约定地点约架，以观看打架、守候事态发展为噱头骗取用户关注。
5	现金交易	以现金等高价值物品为赌注进行PK，诱导用户打赏；以数倍返现名义诱导打赏。

“省流”版本小提示

主播连麦热直播，PK互斗气氛多；
斗狠擦边走极端，影响社会不可取；
逞勇斗狠禁低俗，拉帮结派不可为；
叫嚣引战现金禁，直播文明记心间。

扫码听书（如阅读不便，可扫码听书）

扫一扫

第十一节　直播打赏违规知多少？

目前，直播打赏领域比较突出的违规问题主要有四类：一是虚假主播身份问题；二是诱导打赏；三是未成年人打赏；四是利用直播打赏实施诈骗、洗钱及开设赌场等。主管部门和行业协会也关注到了这些问题，多次发文强调要规范直播打赏，整顿直播行业风气。例如 2021 年，国家网信办、市场监督管理总局等部门联合下发《关于加强网络直播规范管理工作的指导意见》，要求平台制定直播打赏的管理规则，呼吁大家理智打赏。2022 年 5 月，国家网信办、文旅部等部门联合下发《关于规范网络直播打赏　加强未成年人保护的意见》，要求平台采取多种措施禁止未成年人充值和打赏。这些举措都是为了让直播打赏更规范、更安全。

经典“踩雷”案例：主播虚构人设骗取他人直播打赏被判刑[①]

犯罪嫌疑人席某某系某直播平台招商经理，自己建立公司招募主播入驻该直播平台。2019 年 6 月，朱某 2（另案处理）向席某某提出希望做直播，席某某为其提供了认证直播号，并向朱某 2 提供了虚构主播出身贫寒，生活困难的话术模板，以博得网友的信任和同情。之后席某某又招聘姚某某进入朱某 2 的“兔几”直播间做主播。同年 8 月，为吸引网友刷礼物，席某某、朱某 2 虚构一名名为“李涵”的女子身份，谎称

① 参见安徽省蚌埠市中级人民法院刑事裁定书，（2020）皖 03 刑终 421 号。

其系实习护士，朱某2利用该身份在另一直播平台上结识了被害人朱某1。朱某2使用“李涵”的微信号与朱某1文字聊天，称自己系无工资的实习护士，在直播平台直播赚取生活费，诱骗朱某1进入直播间刷礼物。朱某1信以为真，在2019年8月20日至8月25日在直播平台打赏礼物共计人民币66 386元。朱某2和朱某1还约定于2019年8月26日见面，返还打赏费用，但朱某2并未如约出现，且不再回复朱某1消息。姚某某曾因担心参与诈骗，提出离开直播间，席某某以合同未到期为由，不同意其离职。后姚某某自首，并协助抓捕席某某。安徽蚌埠警方完成侦办后，当地检察机关依法对席某某和姚某某以诈骗罪提起公诉。

案例分析

法院经审理认为：二被告伙同他人以非法占有为目的，采取虚构事实、隐瞒真相的方法，通过电信网络骗取他人财物，数额巨大，其行为构成诈骗罪。最终对席某某判处4年有期徒刑，对姚某某判处1年6个月有期徒刑（缓刑2年）。

直播打赏领域的违规问题一直比较突出，以下是汇总的关于直播打赏的典型违规行为。（见表8）

表8　直播打赏典型违规行为

直播打赏典型违规行为		
序号	违规类型	行为表现
1	虚假主播身份	2023年6月发布的《抖音公益内容治理规范》规定，“公益类账号不得进行直播打赏、电商销售等盈利行为”；“严禁以公益为由，骗取关注、骗粉骗赞、非法获利。如发布摆拍、‘贫困悲惨’、夸张凸显社会与家庭矛盾等不实消息内容，或借助发布‘助农’‘助老’‘助残’‘助困’等内容，谋求商业变现”。

续表

直播打赏典型违规行为		
序号	违规类型	行为表现
2	诱导打赏	以虚假抽奖、投票等活动诱导观众打赏。
		以色诱、感情诱导等方式鼓动用户打赏。
		利用自身可控的概率事件作虚假承诺或诱导打赏及购买商品等行为。
		通过有组织炒作、雇佣水军刷礼物、宣传“刷礼物抽奖”等手段，暗示、诱惑、鼓励用户大额“打赏”。
3	未成年人打赏	根据主管机关的要求，一旦查实系未成年人实施的充值、打赏行为，平台应予以返还。《关于规范网络直播打赏　加强未成年人保护的意见》明确禁止未成年人参与直播打赏，并要求直播平台不得为未成年人提供现金充值、“礼物”购买、在线支付等各类打赏服务。网站平台不得研发上线吸引未成年人打赏的功能应用，不得开发诱导未成年人参与的各类“礼物”。
4	刑事犯罪	以非法占有为目的，虚构网络事实，诱骗他人进行直播打赏，数额特别巨大的，构成诈骗罪。
		明知打赏资金系违法所得，仍配合他人利用直播打赏进行洗钱，提现后返给打赏人，掩饰、隐瞒犯罪所得及其收益的性质和来源的行为，构成洗钱罪。

“省流”版本小提示

直播打赏有乱象，四大问题需警惕：

假主播，诱打赏，未成年，诈骗忙。

政策出台频规范，理性打赏记心上。

未成年保护更关键，禁止充值防上当。

扫码听书（如阅读不便，可扫码听书）

扫一扫

第十二节　怎么应对别人的投诉或者举报?

自媒体人发布的视频、音频或图文内容，有时候会被他人投诉或者举报，常见的理由有以下几点：

（1）内容侵犯了他人在先知识产权，主要是著作权和商标权等；（2）内容侵犯了他人肖像权、姓名权、名誉权、隐私权等人格权权益；（3）内容包含主管机关禁止的违规内容，如涉及黄赌毒等。

针对不同类型的投诉或举报，处理流程大体一致，试以知识产权投诉为例说明：

一般来讲，通过自媒体平台转发的投诉，投诉/举报人通常会根据平台要求提供其享有相关知识产权的证明，正常可以按照“确认投诉人是否享有权利→核实是否构成侵权→对投诉内容进行处置”这一流程处理。（见图1）

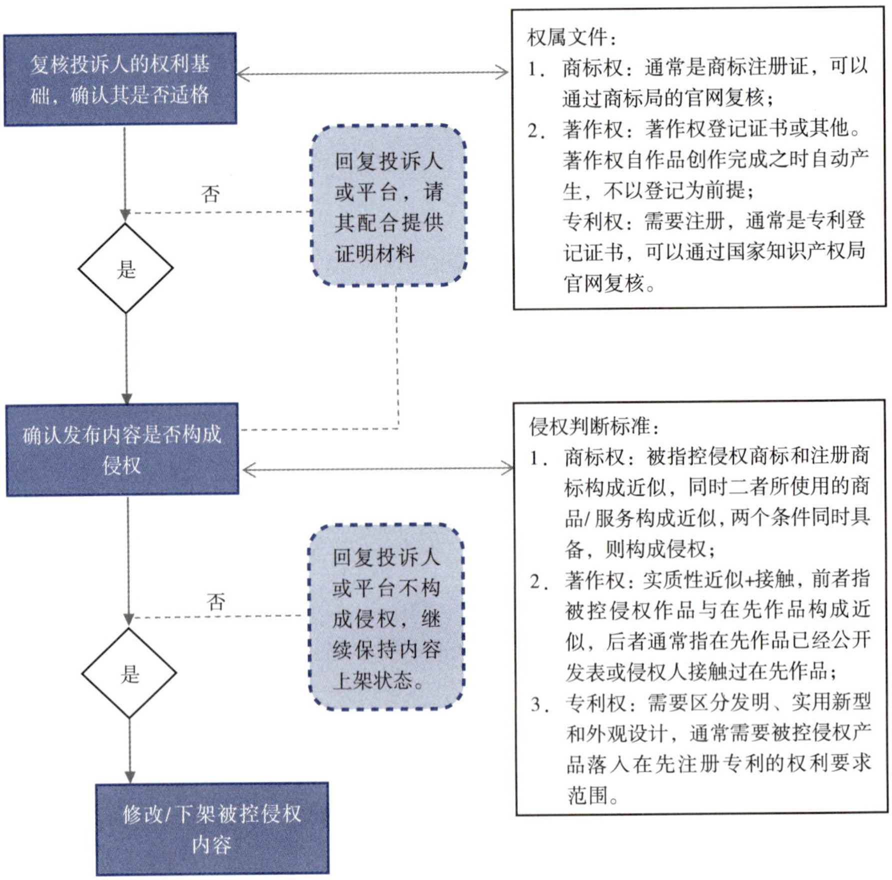

图1　被投诉处理流程

经典“踩雷”案例：某风汽车公司诉汽车博主名誉权案创纪录判赔500万元[①]

原告某风汽车发现，在2021年8月至11月期间，抖音账号“某车实验室”密集发布了53条针对某风汽车旗下系列轿车的测评视频，在

① 东风汽车有限公司诉北京车千里互动科技有限公司网络侵权责任纠纷案，一审法院：武汉经济技术开发区人民法院，案号：（2022）鄂0191民初272号；二审法院：武汉市中级人民法院，案号：（2023）鄂01民终2359号。

内容、标题、评论中明显带有侮辱、诽谤、贬低及丑化该系列轿车的言论，对原告及其产品造成了极大负面影响。在与该抖音账号的运营者北京车某某互动科技有限公司沟通无果后，原告将该公司诉至法院。

案例分析

法院经审理认为，涉案视频中带有明显贬损含义的词语以及未经核实的负面信息，间接或直接指向原告及其产品，对原告的商业信誉或商品声誉进行诋毁。被告通过抖音账号密集、持续发布带有负面评价的内容，已经脱离了基本客观事实和所负有的容忍限度，超出了网络言论自由的边界和正常舆论批评监督的范畴，该违法行为必然造成原告名誉受损，对其经营环境造成不利影响。最终判令被告：删除在抖音账号“某车实验室”上发布的全部涉案视频；通过“某车实验室”账号以视频或文字方式向原告道歉，道歉内容置顶保留 30 天；赔偿原告经济损失 500 万元及维权费 4 000 元。

“省流”版本小提示

投诉举报很常见，商标著作别侵犯。
肖像姓名人格权，名誉隐私别越线。
违规内容勿瞎传，黄赌毒是高压线。
投诉流程不难记，权属证明线上提。
确认权利再核实，侵权内容快处理。

扫码听书（如阅读不便，可扫码听书）

扫一扫

第十三节　内容分发和授权时该注意什么？

自媒体人创作的视频、音频或者图文，有时候需要授权给第三方使用。比如，承接“商单”拍摄、制作的广告视频，品牌方会用在其他平台投放。再或者，直播带货结束，品牌方可能会把直播中关于产品的那段视频剪辑出来当作广告素材。这时，自媒体人就得给品牌方授权，通常就是签授权书，视为同意让品牌方使用该作品的证明。

在授权品牌方使用自己的作品之前，自媒体人得先确认一下，作品里面的所有素材，比如背景音乐、文案、出镜人物、声音、图片、视频模板、表情包等，是否都已经取得可以商用的许可。而且还得再检查一下许可的有效期和地域范围，避免因为未获得授权、授权不充分或超范围使用而造成侵权。权利清洁性确认主要包括以下几点。

1. 授权内容自身的版权清洁性

对于利用平台提供的素材（包括但不限于背景音乐、图片、特效结果、表情包、模板等）制作的视频，可能会有禁止或限制商用的约定，散布在平台的《用户协议》《社区规则》等文件中。

例如剪映《创作者版权承诺》第 4 条约定，“您同意对您上传的模板类作品，授权剪映中其他用户进行剪辑、素材替换等二次创作。如其他剪映用户非法使用您发布的作品用于任何商业用途，全部责任及法律后果将由该用户自行承担，本平台不承担任何因用户自主行为所产生的赔偿责任”。抖音客服对于用户利用平台曲库中的歌曲制作商用视频的建议是使用者直接联系音乐版权方获取授权。

因此，在拍摄、制作后续将商用的视频时，应该将不可商用或未获得事先授权的内容排除，避免后续制作完成后需要重新剪辑。

2. 授权内容自身的人身权清洁性

对于包含他人肖像、声音、姓名的内容，应该提前获得出镜人员的肖像权、声音权和/或姓名权的授权。尤其是在直播带货场景下，出镜人员可能不止主播一个，有时甚至会包含飞行嘉宾。在此情况下，应该提前获得其他主播和飞行嘉宾的充分授权。

3. 授权期限、区域和投放渠道

对于以授权书形式对外授权的，授权书中应清晰写明授权起始时间、地域和授权渠道，以方便授权到期后下架相关广告素材。例如，对于直播带货结束后的“视频切片”授权期限可以约定 90 天或 180 天。

经典“踩雷”案例：某方甄选“视频切片”授权事件①

2023 年 9 月 7 日，抖音上突然冒出了很多以董某某和其他某方甄选主播名义的“视频切片”带货账号，这些账号声称得到了某方甄选的官方授权。所谓的“视频切片”，就是把直播中的视频片段剪辑出来，专门用来推广某个商品或服务，并附上购买链接，这样就算直播结束了，观众也能继续购买。这一做法引发了很大的社会反响。某方甄选负责人对此事件发表了声明，他指出了几个严重的问题：首先，某方甄选没有事先跟负责人沟通这件事；其次，也没有事先通知主播们，导致他们以为这是不真实的；最后，某方甄选没有做好防范措施，尽管合同中明确规定不允许使用主播的名字和头像进行宣传，但还是有商家违规使用，这对主播和公司的形象造成了很大的伤害。

① 《俞敏洪谈东方甄选切片带货：我也是事后才知道，已严肃批评管理层》，载腾讯网 2023 年 9 月 9 日，https://news.qq.com/rain/a/20230909A071XA00。

案例分析

自媒体制作的视频、音频或图文内容，通常会在制作完成后同时在多平台发布。但是需要注意：如果创作者使用的是某个平台的背景音乐或者其他素材，那通常意味着这个平台和版权方有合作，也就是说平台得到了使用这些素材的权利。在这种情况下，使用者在该平台上发布这些内容是不会侵权的。

但是，如果这个素材也想用在其他平台上，比如说没有和版权方达成任何协议的平台，那就会侵犯到版权方的权利，存在侵权风险。

此外，当创作者决定把内容上传到不同的平台时，法律上视为自媒体人对该等平台的授权，这时，创作者需要确保其内容是合法的，不会侵犯别人的版权。一旦发现有侵权的情况，平台是有权利根据他们的用户协议来处理这个问题的，甚至可能会追究相关创作者的责任。

"省流"版本小提示

背景音乐文案图，商用授权要完备。

人物肖像声音名，授权充分不能忘。

期限区域渠道明，视频切片需留心。

扫码听书（如阅读不便，可扫码听书）

扫一扫

第十四节　虚假人设违法吗？

近年来，部分自媒体人或自愿，或在MCN机构的安排下，借助发布的内容人为制造虚假人设，包括但不限于“学霸”“摆拍卖惨”“虚假助农”“伪慈善”“支教”“成功人士”“富二代”“佛媛”等，借助虚假人设迅速增粉、出圈，然后寻求商业变现路径。这种行为不仅违反了相关部门的规定，而且有可能触犯法律。所以，一旦被发现造假，轻则可能会受到自媒体平台的惩罚，重则可能还要面临刑事处罚。

经典“踩雷”案例：凉山破获系列“网红”直播案①

2023年9月20日，四川省凉山州公安局、网信办等召开新闻发布会，通报联合查办系列网红直播案的情况：抓获犯罪嫌疑人54名（其中涉案网红主播11人），已批准逮捕18人，捣毁MCN机构5个，查封涉案公司14家，查扣涉案蜂蜜原材料20余吨，假冒“大凉山土蜂蜜”成品4 700余瓶，商品外包装5万余件，生产设备3套，冻结涉案资金500余万元。其中涉及多个百万级网红，例如：

“凉山曲布”和“赵玲儿”：公安机关立案查明，2022年7月，成都某传媒有限公司（MCN机构）负责人张某进入凉山腹地物色到个体

①《打助农旗号生产销售假冒产品，凉山公安破获系列“网红”直播带货案》，载百家号平台“环球网”2023年9月21日，https://baijiahao.baidu.com/s?id=1777629297652297878&wfr=spider&for=pc。

工商户赵某（女，汉族，27岁）、阿日某某（男，彝族，23岁）等“网红苗子”开始精心孵化，通过设计剧本、话术，专门挑选当地无人居住的生产用房、破壁残垣作为直播背景，打造“大凉山原生态”人设，在短视频平台发布“偶遇”“蹭饭”“助农”等情节短视频博取眼球、收割流量，孵化出“凉山曲布”“赵灵儿”等百万粉丝网红账号。赚取流量后，顺势通过开设网店和直播带货，打着“助农”“优质原生态”等旗号，假冒“大凉山特色农产品”商标，从成都、南京等外地食品公司低价购入蜂蜜、核桃等农副产品，以次充好，以假充真在全国范围销售，假冒产品被销往全国20余个省市，涉案金额超千万元。

“凉山孟阳”和“凉山阿泽”：2020年以来，成都某传媒有限公司（MCN机构）负责人唐某以剧本、摆拍等方式在短视频平台孵化百万粉丝网红“凉山孟阳”（阿西某某，女，21岁）和“凉山阿泽”（阿的某某，男，21岁）。2021年3月以来，该团伙从成都、昆明等地低价购入雪燕、红花、贝母、羊肚菌等农产品，打着“凉山土特产”“助农”“原生态”等旗号通过网络直播销售。其间，唐某伙同李某、郭某等人雇佣网络水军在直播间制造爆款、抢单的假象，诱导消费者购买，涉案金额超千万元。

案例分析

对于通过自媒体账号虚拟人设的行为，主管机关在其发布的规范性文件，或者开展的行业专项治理行动中，都是明确予以打击的。中央网信办发布的《关于加强“自媒体”管理的通知》中，要求自媒体平台“对打造低俗人设、违背公序良俗网红形象，多账号联动蹭炒社会热点事件进行恶意营销等的‘自媒体’，网站平台应当取消或不得赋予其营利权限”；同时要求自媒体平台完善粉丝数量管理措施。在此基础上，各自媒体平台制定了相应平台规则。如抖音平台发布了《抖音违规涨粉治理规范》，规定用户不得出现打造虚拟人设的行为，如“通过用户资料或所发布内容，打造虚假人设、仿冒他人形象、虚构专业资质，误导其他用户等”，一经发现，平台将予以处罚：除了对违规内容和账号的一般处罚外，还将抹除账号通过违规内容或违规行为获得的粉丝、清空账号所有粉丝、限制账号被他人关注等。2022 年中央网信办、国家税务总局、国家市场监督管理总局开展了为期两个月的“清朗 · 整治网络直播、短视频领域乱象”专项行动，其中就涉及自媒体人虚假人设现象，例如“通过编造故事、摆拍作秀等手段，营造名媛人设，进行炒作引流”“营造‘卖惨’人设，博取同情进行商品推广等问题”“营造成功人设，打着分享成功学、职场经验旗号，实则宣扬厚黑学、金钱至上理念等”。

其次，如果自媒体人借助虚假人设，以非法占有为目的，骗取用户打赏且达到较大金额，可能涉嫌构成诈骗罪；或者借助虚假人设直播带货，以假充真，以次充好，销售假冒伪劣商品，可能构成销售伪劣产品罪等罪名。诈骗罪指以非法占有为目的，用虚构事实或者隐瞒真相的方法骗取数额较大的公私财物的行为，其中数额较大的标准为 3 000 元至 10 000 元，入刑的起点不高。例如男主播伪装成女主播，以发展男女朋友关系为由，骗取用户打赏的行为，当打赏金额达到较大数额，则构成诈骗罪。当然，如果不具有非法占有之目的，仅是通过直播间收受礼物，通常不会构成诈骗罪。

“省流”版本小提示

虚假人设骗打赏，数额大时罪难逃。

直播卖货别掺假，商标假冒风险高。

扫码听书（如阅读不便，可扫码听书）

扫一扫

第十五节　特殊类账号风险提示

除了普通的个人账号以外，还有一些特定领域的垂直账号也是自媒体平台颇受欢迎的种类。本节将围绕影视类、音乐类、游戏类、医疗类、财经类等几大领域分析其存在的特别风险。

（一）影视剪辑类账号特别风险提示

影视剪辑类账号，顾名思义，其上传内容绝大部分都是他人制作的影视、综艺或其他节目的片段或“混剪”，前者的典型代表是“切条”，后者的典型代表是“二创”。

“切条”指从原有剧集、电影、综艺或其他节目的正片中，截取最精彩的一段（时长通常几十秒到几分钟不等）或者数段，有的甚至会将这些片段拼在一起，做成一个“合集”；“二创”视频则是指基于原有剧集、电影、综艺节目或其他节目正片的二次创作，最常见的形式是影视解说。总的来说，影视剪辑类账号门槛低，容易上手，可以在相对短的时间内积累一定数量的粉丝，因此为部分自媒体人所青睐。但这类账号也存在严重的缺陷，即存在较高的著作权侵权风险。

“切条”构成著作权侵权目前已有共识。无论是使用他人作品的片段还是其他部分（如影视原声），都是侵害他人著作权的行为。但部分自媒体人认为从时长超过 90 分钟的电影中，或者 40 分钟左右的电视剧剧集中，截取几十秒到几分钟不等的片段，由于时长有限，并不会替代原作品，反而会增加原作品的热度，很多用户看过片段后会去找原作品来看，其也没有利用“切条”营利，因此属于“合理使用”。这种观点明显是错误的，此前已经出现了众多被法院认定为侵权行为的案例。

关于“二创”视频是否侵权，版权方和自媒体平台各执一词。从当前“二创”视频的形态（以影视解说为主要形式）、著作权侵权标准和司法实践看，“二创”原则上仍构成著作权侵权，原因在于：影视解说类二创视频，基本是全部或绝大部分使用已有影视作品的画面，再配上自媒体人的解说的形式，时长 3 至 20 分钟，其核心内容主要是他人在先作品的独创性表达（画面和 / 或解说），不属于对他人作品的介绍、评论，不满足合理使用的核心要件，即“转换性使用”；同时，绝大部分自媒体人以传播目的将“二创”视频上传至自媒体平台，也不是为了个人学习、欣赏，而是为了吸引用户观看，依靠播放量换取平台的分佣，或依靠粉丝数量增加通过承接商单、直播带货等形式进行商业变现。

经典“踩雷”案例：上海某影视公司诉北京某科技有限公司二创视频侵权纠纷[①]

原告上海某影视公司于中国大陆地区对电影《一周必死：否则退钱》享有包含信息网络传播权在内的著作权权利。原告发现，在被告北京某科技公司运营的 App 内，存在大量关于涉案电影的短视频，都是“几分钟讲述一部电影形式”。原告认为该等短视频构成对涉案电影的替代，极大地分流了原告的目标用户，侵害了原告的合法权益，所以向上海市徐汇区人民法院提起诉讼，要求被告删除侵权短视频，赔偿经济损失 345 万元。被告于本案中提出的抗辩点之一是，涉案短视频时长较短，属于适当引用他人已经发表的作品，且属于网络用户为个人研究、欣赏目的，构成合理使用。

① 上海巨视影业有限公司诉北京快手科技有限公司侵害作品信息网络传播权纠纷案，上海市徐汇区人民法院民事判决书（2021）沪 0104 民初 33920 号。

案例分析

法院经审理认为，被告提供的用户协议载明，App用户可以设置上传作品的可见范围，如仅为个人研究、欣赏，应设置为本地作品，而被诉视频未作相应设置，使用App的其他用户均可获取，明显不属于个人研究、欣赏用途；其次，《著作权法》规定的适当引用应考量作品引用的必要、合理等因素，为介绍、评论权利作品时引用少量海报、作品截图等可以认定为合理使用，但是被诉视频剪辑权利作品片段，配上语音归纳故事情节梗概，属于完全使用权利作品形成的短视频，已明显超出合理使用所要求的合理、必要限度；最后，本院注意到被诉视频虽然由不同用户剪辑制作，但是使用的权利作品内容大部分相同，均系权利作品最具表现张力的片段，考虑到权利作品是戏剧类型的剧情片，被诉视频将其中最具吸引力的部分予以展现，可能导致实质性替代权利作品。鉴于上述理由，法院驳回了被告关于合理使用的抗辩。

（二）音乐类账号特别风险提示

与影视剪辑类账号一样，音乐类账号也面临着较高的著作权侵权风险。自媒体人直播或者发布的短视频中演唱的歌曲，未经过相关著作权人授权，侵害了词曲作者的著作权；如果同时还使用了原版伴奏，还侵害了录音制作者的权利。

具体分析如下：在直播场景下，自媒体人的翻唱行为涉嫌侵害歌曲词曲作者的著作权；如果使用了歌曲的伴奏，同时还侵害了歌曲录音制作者的获酬权；在短视频场景下，翻唱他人歌曲并录制为短视频发布，侵害了词曲作者的著作权；如果使用了歌曲的伴奏，还同时侵害了录音制作者的复制权和信息网络传播权。

对于如何解决音乐类账号侵权的问题，行业内存在不同的声音。

歌曲的版权方往往希望由相关自媒体平台出面统一采购版权并支付版权费用，这一方面与国外音乐行业的实践一致，另一方面也能节省人力成本，毕竟与平台内入驻的几万到几十万名主播逐一对接是一项浩大的工程；但平台囿于预算和管理成本，则希望由实际使用者，即自媒体人自行解决。由于各自的立场不同，上面两种观点一直僵持不下。

目前行业内仅有少数几个平台和音乐版权方合作，部分解决了平台上的音乐使用授权问题。但是需要注意的是，由于音乐类账号以歌曲为主要创作素材，其所需歌曲数量远多于其他类账号，在此情况下，自媒体平台采购的部分歌曲可能难以满足自媒体人创作需求。尤其是对于头部的音乐类账号来说，如不解决这个问题，可能会面临较大的风险。问题的最终解决，还需要更长的时间。在版权方和平台达成共识之前，自媒体人是歌曲版权清理工作的首要责任人，否则就可能面临侵权指控。关于如何进行音乐版权清理，请参见本书第二章项下关于问题“可以使用他人音乐作为视频背景音乐吗”“直播间内翻唱他人歌曲侵权吗”的答复，本处不再赘述。

经典“踩雷”案例：某手用户上传翻唱歌曲被判侵权[①]

原告王某某系涉案歌曲《丫头》的著作权人。被告系某手用户，通过账号“彝族歌手吉约勇勇”上传了表演涉案歌曲的视频，具体内容为被告在室内个人演唱涉案歌曲，该视频评论数为 71，播放量为 5 147 次。原告的取证同时证明，被告还存在公开演唱涉案歌曲的行为。

案例分析

法院经审理认为，被告未经许可，将涉案歌曲名称《丫头》修改为《坏

①《未经许可播放或演唱歌曲，已有网络主播、平台侵权被判赔》，载环球网 2020 年 4 月 23 日，https://3w.huanqiu.com/a/0c789f/3xwpij0DFeM。

丫头》，并将演唱涉案歌曲的视频上传至某手平台，使公众可以在任何时间地点听到涉案歌曲，侵害了原告的修改权和信息网络传播权；同时，被告还在某手 App 中宣称其为涉案歌曲的创作者，没有提及原告，侵害了原告的署名权；并且，网上的视频显示被告未经许可公开现场演唱涉案歌曲，该行为亦侵害了原告的表演权。法院最终判令被告向原告赔礼道歉，同时，赔偿原告经济损失及合理开支共计 20 000 元。

（三）游戏类账号特别风险提示

游戏类账号具有较高的著作权侵权风险，因为直播或者制作视频所使用的游戏视频属于著作权法所保护的视听作品，使用前应该获得相关著作权人的许可。

经过多年探索，国内法律对于游戏的保护已形成共识，即游戏运营所呈现出的视频构成著作权法下的“视听作品”，受著作权法保护，游戏名称、角色、道具等如果被单独使用，则按照商标 / 知名商品或服务名称、美术作品等予以保护，游戏所对应的程序化语句按照计算机软件予以保护。游戏主播未经游戏著作权人授权，擅自使用游戏作品进行直播或者制作游戏视频，侵害了游戏著作权人的合法权益。

游戏厂商通常会在服务协议中对游戏直播等作出禁止性约定，禁止用户进行游戏直播。如腾讯游戏的《腾讯游戏许可及服务协议》[①] 第 4.2 条约定，“您在使用腾讯游戏服务过程中，不得未经腾讯许可以任何方式录制、直播或向他人传播腾讯游戏内容，包括但不限于不得利用任何第三方软件进行网络直播、传播等”。网易游戏的《网易游戏使用许可及服务协议》[②] 第 4 条“网易游戏软件使用许可与限制”项下 2 款约定，“除非本协议另有

① 参见《腾讯游戏许可及服务协议》，https://game.qq.com/contract.shtml。

② 参见《网易游戏使用许可及服务协议》，https://unisdk.update.netease.com/html/latest_v5.html。

约定，否则，未经网易公司事先书面同意，用户不得实施下列行为（无论是营利的还是非营利的）：（1）复制、翻录、反编译（de-compile）、反汇编（disassemble）、传播和陈列网易游戏软件的程序、使用手册和其他图文音像资料的全部或部分内容，或对网易游戏软件的任何功能或程序进行反向工程（reverse engineering）。（2）公开展示和以各种形式、在各种平台（包括但不限于网络直播平台、网站、App 等）播放网易游戏软件 / 网易游戏服务的全部或部分内容。（3）出租、销售网易游戏软件或者利用网易游戏软件从事任何营利行为。（4）修改或遮盖网易游戏软件程序、图像、动画、包装和手册等内容上的服务名称、公司标志、商标（或）版权信息、其他知识产权声明等内容。（5）其他违反商标法、著作权法、计算机软件保护条例和相关法律法规、国际条约的行为”。

尽管进行游戏直播具有较高的侵权风险，但不可否认的是游戏主播对被直播的游戏确实具有宣传作用，而这对游戏厂商来说无疑是有利的。也正是由于这一原因，当前阶段，多数游戏厂商对于游戏主播的直播侵权行为都是采取放任态度。游戏厂商有限的几个直接针对游戏主播的维权事件，更多的是主播选择了竞对直播平台的缘故。如果选择游戏厂商旗下游戏直播平台，应该不会出现这一情况。但这会是悬在游戏主播头上的“达摩克利斯之剑”，落在任何一位游戏主播头上，都将是灾难性的。

经典“踩雷”案例：深圳市某计算机系统有限公司诉游戏主播直播《英雄联盟》侵权纠纷①

深圳市某计算机系统有限公司向深圳市南山区人民法院起诉称，被告许某系其运营的游戏《英雄联盟》的用户，游戏账号为“XiguaAAA贱贱”。许某未经腾讯公司许可，擅自在西瓜视频上直播《英雄联盟》。

①《腾讯在南山法院起诉玩家未经许可直播 LOL，索赔一元》，载百家号平台“天天头条”2019 年 6 月 11 日，https://baijiahao.baidu.com/s?id=1636026990564359215&wfr=spider&for=pc。

根据该公司制定的许可及服务协议，被告作为《英雄联盟》玩家不得在使用游戏服务过程中，未经许可以任何方式录制、直播或向他人传播游戏内容，包括但不限于利用第三方软件进行网络直播、传播等。深圳市某计算机系统有限公司据此请求法院判令许某立即停止在第三方平台的直播行为，并赔偿经济损失 1 元。

（四）医疗类账号特别风险提示

医疗健康类账号的创建和运营都面临着严格的监管，因为其与社会公众的生命健康息息相关。综合主管机关的规范性文件和平台规则来看，对医疗健康类账号的限制主要包括资质和信息展示、账号功能、代运营和商业变现路径等方面，详情如下表：

表 9　医疗健康类账号具体要求

序号	类型	具体要求
1	资质认证和展示要求	中央网信办发布的《关于加强“自媒体”管理的通知》第 2 条明确要求，“对从事金融、教育、医疗卫生、司法等领域信息内容生产的‘自媒体’，网站平台应当进行严格核验，并在账号主页展示其服务资质、职业资格、专业背景等认证材料名称，加注所属领域标签。对未认证资质或资质认证已过期的‘自媒体’，网站平台应当暂停提供相应领域信息发布服务”。例如在抖音平台，进行医生认证账号仅向公立三级医院主治医师及以上专家、民营三甲医院、综合大学或医科大学附属三级主治医师及以上专家等开放，且需要提供医生执业证、医师资格证、科室证明、职称证明及国家卫健委信息查询截图等信息
2	账号功能限制要求	抖音健康 2023 年 4 月发布新规，将于 2023 年 4 月 30 日之前，分批完成全部医疗健康类认证账号（含机构）私信与粉丝群互动功能的调整，包括但不限于关闭私信与粉丝群场景下的互发消息、视频通话、语音通话、创建新群等功能
3	账号代运营限制要求	抖音健康 2023 年 4 月发布新规，称平台不支持、不鼓励医疗健康认证账号交由 MCN 代运营、绑定 MCN 等行为，建议医疗健康认证账号自行运营、自主管理。对于此前交由 MCN 代运营的账号，平台要求于 2023 年 4 月 30 日前完成整改

续表

序号	类型	具体要求
4	账号进行商业变现限制要求	带货限制：2022 年，国家卫生健康委、国家医疗保障局等九部委联合印发《2022 年纠正医药购销领域和医疗服务中不正之风工作要点》，要求严肃查处医疗机构工作人员利用职务、身份之便直播带货。抖音随后发布了《关于调整医疗健康类认证创作者商品分享功能的公告》，自 2022 年 6 月 30 日起，平台将关闭医疗健康类认证账号的商品分享功能，并禁止该类创作者新开通此项功能 变相发布广告限制：医疗健康领域的广告，例如药品广告、保健品广告、医疗器械广告、特殊医学用途配方食品广告等，发布前都需要事先获得广告主管机关审批。同时，禁止以介绍健康、养生知识等形式，变相发布医疗、药品、医疗器械、保健食品、特殊医学用途配方食品广告。介绍健康、养生知识的，不得在同一页面或者同时出现相关医疗、药品、医疗器械、保健食品、特殊医学用途配方食品的商品经营者或者服务提供者地址、联系方式、购物链接等内容。通过知识介绍、体验分享、消费测评等形式推销商品或者服务，并附加购物链接等购买方式的，广告发布者应当显著标明“广告”
5	发布内容的限制	主要有如下几种：（1）兜售药品、保健品，提供医疗建议，或将用户导流至私域进行咨询、问诊，或导流至线下就医或端外就诊；（2）在社会热点事件期间或借用公众关注的医疗事件，编造或传播未经证实的医学信息，以达到吸引眼球、博取流量或对特定病患群体造成伤害的内容或行为；（3）出于不良目的，散布医疗有害信息，传播危害用户安全的虚假内容，如捏造医疗政策内幕、散播医疗政策错误信息等；（4）利用虚假故事、极端个案，发布可能引发公众恐慌、扰乱社会秩序等的不实内容，如虚构恐怖事件或公众安全事件，预言重大医疗事件或夸大严重程度等；（5）批量编造、传播低质同质化内容实施虚假宣传、人设打造、博取流量等行为①

从目前主管机关的监管趋势看，对于医疗健康类账号，其主要定位和功能应该是科学普及医疗健康知识。

①《抖音新规医疗认证号不得由 MCN 代运营，医疗导流等行为将遭严控》，载百家号平台“界面新闻”2023 年 4 月 11 日，https://baijiahao.baidu.com/s?id=1762879834531831213&wfr=spider&for=pc。

（五）财经类账号特别风险提示

财经类账号所发布的内容具有一定的专业性，并且与社会公众的财产安全息息相关。因此在创建和运营财经类账号之时会面临相较于普通账号更为严格的要求，主要体现在以下两个方面。

1. 资质认证和展示

中央网信办发布的《关于加强“自媒体”管理的通知》第2条明确规定：“对从事金融、教育、医疗卫生、司法等领域信息内容生产的‘自媒体’，网站平台应当进行严格核验，并在账号主页展示其服务资质、职业资格、专业背景等认证材料名称，加注所属领域标签。对未认证资质或资质认证已过期的‘自媒体’，网站平台应当暂停提供相应领域信息发布服务。”

根据认证身份的不同，创建和运营财经类账号会存在不同的资质要求。例如抖音对于“金融从业人员”要求的资质是“证券、基金、期货、信托等普通从业人员（监管备案）”；需要提供的材料包括对应自律监管组织官网备案截图、执业资格编号、在职证明、名片等；对于“金融公司高管”，要求的资质是“证券、基金、期货公司高管（证监会登记在册的金融机构总公司高管）”，需要提供的材料包括在职证明和名片。

此外，上海证监局专门发布了《关于规范证券从业人员利用自媒体工具开展业务活动的通知》[①]，要求辖区内的证券公司加强对从业人员利用自媒体工具开展业务活动的管控，重点防范私自以公司名义、冠以公司职务或容易引发身份误导的方式对外公开发表言论的情况。

2. 创作内容限制

根据主管机关发布的规范性文件、自媒体平台发布的公告和相关领域的

①《上海证监局三大铁律规范券业人员自媒体展业，强调建立使用微信、微博、抖音等开展业务制度体系》，载百家号平台“财联社”2021年10月13日，https://baijiahao.baidu.com/s?id=1713515131566554219&wfr =spider&for=pc。

专项整治行动，财经类账号禁止发布如下内容：

（1）禁止进行荐股、推荐金融产品（基金、债券、现货、期货、外汇等）等相关投资咨询活动，或者引流至平台之外进行上述活动；

（2）胡评妄议、歪曲解读我国财经方针政策、宏观经济数据，恶意唱空我国金融市场、唱衰中国经济等；

（3）毫无立场、不加判断地转载搬运境外歪曲解读我国财经领域热点的报道评论等；

（4）散布“小道消息”，以所谓“揭秘”“重磅”“独家爆料”“知情人士称”为名进行渲染炒作，甚至造谣传谣；

（5）转载合规稿源财经新闻信息时，恶意篡改、断章取义、片面曲解等“标题党”行为；

（6）充当金融“黑嘴”，恶意唱空或哄抬个股价格，炒作区域楼市波动，扰乱正常市场秩序；

（7）炒作负面信息对相关利益主体进行威胁恐吓、敲诈勒索，谋取非法利益；

（8）炒作社会恶性事件、负面极端事件，煽动悲情、焦虑、恐慌等情绪，借以推销所谓“财商课”、各类保险产品等；

（9）未严格履行身份认证程序，冒用滥用财经主管部门工作人员或专家学者等名义开办财经类专栏、账号等[①]。

典型案例：自媒体人易某通过微博和微信提供证券投资服务被罚[②]

2020 年 5 月 26 日，易某使用微博账号“易某”发布招募会员信

①《国家网信办启动清朗·商业网站平台和“自媒体”违规采编发布财经类信息专项整治》，载中国网信网 2021 年 8 月 27 日，http://www.cac.gov.cn/2021-08/27/c_1631652531513374.htm。

②《行政处罚决定书 [2023]5 号（吴诚祥）》，载中国证券监督管理委员会网 2023 年 7 月 7 日，http://www.csrc.gov.cn/zhejiang/c103950/c6993798/content.shtml。

息，内容为出售“老易投资教育小宇宙”船票及相关联系方式。

易某通过微博、微信提供推荐个股、预测行情、指导操作等证券咨询服务，主要包括以下行为：（1）通过群发邮件提供投资咨询服务。每周向部分付费会员群发电子邮件，邮件内容包括对上市公司及相关股票的看法、具体买入点和买入价格建议及其本人持有的股票情况；（2）通过微信向个别付费会员提供投资咨询服务。易某与个别付费会员通过微信单独交流，回答会员提出的投资问题、分析评价会员的交易行为、针对股票交易提出操作建议；（3）通过微博公开提供投资咨询。易某注册使用微博账户“易某”，宣传其毕业于耶鲁大学，富有投资经验，是大型美元基金管理人。“易某”账号微博内容包含对A股市场、各上市公司发展及股价走势看法，每篇微博均有多个粉丝转发回复。此外，易某注册使用微博账号“申尚趣”和“古北老江湖”，配合“易某”微博账号传播投资理论和投资建议；（4）通过微信朋友圈公开提供投资咨询。易某使用微信账户“船长老易”“老易”“俞爷”发布朋友圈，对股票提出明确投资建议，在朋友圈回复微信好友提问。2020年5月26日至2021年3月15日，共有534人加入易某投资咨询群，并实际向易某指定收款银行账户支付会员费。易某收入合计23 942 175.33元。

中国证监会认为，易某的上述行为违反了《证券法》《证券、期货投资咨询管理暂行办法》相关规定，决定没收易某非法从事证券投资咨询违法所得23 942 175.33元，并处以2 000万元罚款。

（六）户外类账号特别风险提示

从各个自媒体平台发布的专项治理公告和典型违规案例来看，户外类账号需要特别注意以下三个方面的问题。

1.“搭讪式”户外直播内容

“搭讪式”户外直播内容，是指对搭讪路人的过程进行拍摄，并将其剪辑后发布。这种行为如果未能获得出镜人员的授权，涉嫌侵害他人的肖像权、隐私权等人格权权利；同时，在拍摄过程中，在路人明确拒绝的情况下，仍采取追逐、拦截、跟拍、尾随或强制拍摄等行为的，涉嫌侵害他人人身自由，可能会受到治安管理处罚，一旦被侵害人报案，还面临着行政处罚。《中华人民共和国治安管理处罚法》第 26 条规定，追逐、拦截他人的，处 5 日以上 10 日以下拘留，可以并处 500 元以下罚款；情节较重的，处 10 日以上 15 日以下拘留，可以并处 1 000 元以下罚款。

例如抖音发布的《户外直播管理规范》规定，针对低俗搭讪、恶俗 PK 及恶意炒作几类行为，平台将不再进行警告等提示，视严重程度直接进行短期或长期封禁。前述违规行为包括但不限于以下几种情况：（1）不经对方同意搭讪拍摄，并坚持追拍、偷拍；（2）在直播 PK 中执行刺激性互动游戏、刻意制造低俗 PK 氛围；（3）以约架等方式带动不良直播气氛，吸引用户线上或线下围观等。

同时，抖音平台倡导文明直播，提醒主播在户外直播时注意：（1）遵守公共秩序，规范自身直播行为，理性表达，友善互动；（2）尽可能远离马路、天桥、隧道等有车辆往来的开放道路区域，以免妨碍交通秩序、危及自身安全；（3）避免夜间在居民生活区域高声直播，以免对周边居民造成不必要的打扰。为此，抖音与部分网红城市的政府部门联动，对当地的户外直播进行重点治理。

经典“踩雷”案例：女主播直播强吻老人被拘留[①]

合肥某女主播在直播过程中，为吸引粉丝，对过路的老人进行强吻，老人努力挣扎才摆脱纠缠。该段视频上网流传后，老人选择了报警。警方经调查后以寻衅滋事对女主播进行行政拘留。据了解，该女主

①《合肥一女主播为吸粉街头强吻七旬老人　因寻衅滋事被行拘》，载新京报网 2019 年 7 月 9 日，http://www.bjnews.com.cn/wevideo/2019/07/09/600968.html。

播因暴饮暴食，体重一直维持在300斤左右，由此导致她在找工作时屡屡碰壁。为获得更多点击量，她直播“扮丑”与陌生男性搭讪，有时还会出其不意强吻他人。

2.“摆拍式”户外直播内容

对于事先设计的“摆拍”或者“剧情演绎”类直播，应当进行清晰标注，以免误导公众。例如抖音发布的《关于更新“剧情演绎”类视频创作规范的公告》要求，为避免引起误解，“创作者通过剧情演绎方式创作、发布虚构内容时，需在显著位置标注作品系演绎，文案包括但不限于‘虚构 / 演绎作品，仅供娱乐’等”。否则导致公众误解的，将视情节对发布账号给予全面禁言30天至无限期封禁等处罚。

经典“踩雷”案例：网红主播“二驴”直播摆拍，账号被永久封禁[①]

“二驴”是某平台头部主播，拥有4 800万的粉丝。2023年8月16日，“二驴”在青岛市市北区进行直播时，在与一名女子玩水球游戏时发生口角争吵，随后被该女子喊来的几名男子辱骂、殴打，并被套上黑色头套带至野外。随后几名男子开始用铁锹挖坑，在挖坑过程中直播中断。“网红二驴在青岛直播被殴打绑架”随即发酵，引发公众广泛关注。青岛市公安局迅速介入，并于8月18日发布《情况通报》，确认事情真相是网络主播“为赚取流量、吸引粉丝，编造剧本进行直播摆拍”，并“对相关当事人依法予以处罚，其账号已被平台无限期封禁”。

①《从“某网红主播编造剧本摆拍被永久封禁”看网络直播乱象》，载百家号平台“旅游商报五星新闻”2023年8月20日，https://baijiahao.baidu.com/s?id=1774666350324512096&wfr=spider&for=pc。

3. “探险式”户外直播内容

该类直播主要涉及废弃建筑、矿洞、荒山甚至明确提示风险的地点，该类直播或视频首先应该明确标注“危险行为，请勿模仿”文字提示。此外，还应注意户外探险类内容中如包含“灵异”“鬼怪”等内容，很可能被平台或主管机关认为是宣传封建迷信，导致内容下架或账号被限流、封禁。

扫码听书（如阅读不便，可扫码听书）

扫一扫

第三章

自媒体账号的商业化变现，是我们运营账号的一个重要目的。本章将围绕着自媒体变现接单的途径，以及自媒体账号在变现过程中可能涉及的法律问题展开论述。

第一节　主要自媒体平台官方接单途径及入驻条件有哪些？

以抖音、快手、小红书、B 站等为代表的自媒体平台，目前都存在指定的官方接单平台，并详细列明了入驻条件，简单列举如下表，方便自媒体人查阅：

表 10　自媒体平台接单入驻条件

序号	自媒体平台	接单平台	入驻条件
1	小红书	蒲公英	（1）完成专业号个人身份认证； （2）粉丝数量≥ 1 000； （3）年龄≥ 18 岁； （4）账号近期无违反《小红书社区规范》《小红书社区公约》的行为[①]。
2	抖音	巨量星图	入驻抖音达人并没有门槛，但是进行商业变现要求开通不同的任务，需要满足的条件如下[②]： （1）抖音图文投稿任务，需要抖音账号在抖音平台粉丝量≥ 1 000，且内容调性健康合法； （2）直播品牌推广任务，需要抖音粉丝数≥ 1 000，近 14 天内，开播场次≥ 3 场且每场开播时长≥ 25 分钟，近 30 天未出现账号违规、封禁、违反社区规范的行为，且直播内容 / 调性健康积极向上； （3）直播电商带货任务，需要抖音账号在抖音平台粉丝量≥ 1 000，已开通电商直播权限，内容调性健康合法； （4）直播投稿任务，需要抖音粉丝数≥ 1 000，不限时间范围，开播场次≥ 4 场且每场开播时长≥ 25 分钟，近 30 天未出现账号违规、封禁、违反社区规范的行为，且直播内容 / 调性健康积极向上； （5）抖音短视频投稿任务，需要抖音账号在抖音平台粉丝量≥ 1 万，且内容调性健康合法； （6）抖音图文任务，需要抖音账号在抖音平台粉丝量≥ 1 万，近 30 天发布过 2 篇图文体裁内容，内容调性健康合法； （7）抖音传播任务，需要抖音账号在抖音平台粉丝量≥ 10 万，且内容调性健康合法。

① 参见蒲公英帮助中心“入驻 & 登录”，https://pgy.xiaohongshu.com/help/list?id=33&user Type=4。

② 参见巨量星图帮助中心的“新达人入驻手册”，https://www.xingtu.cn/help-center/author /109194。

续表

序号	自媒体平台	接单平台	入驻条件
3	快手	磁力聚星	（1）非机构创作者需要粉丝量超过 1 万才可入驻磁力聚星；机构创作者无论粉丝量多少，可以通过所属公会直接入驻磁力聚星； （2）快手小店，完成实名认证即可，无其他额外条件。
4	B 站	创作中心	（1）开通橱窗，需要满足粉丝量≥ 1 000，完成实名认证； （2）开通直播带货，需要年龄≥ 18 岁，且账号粉丝量≥ 1 000； （3）火花商单，入驻需要满足年龄≥ 18 岁，且账号粉丝量≥ 1 万，信用分≥ 60； （4）创作激励计划，目前的获得条件是电磁力等级达到 Lv3，信用分≥ 80。

扫码听书（如阅读不便，可扫码听书）

扫一扫

第二节 “种草”/“探店”内容有哪些需要特别注意的问题?

“种草”笔记和“探店”视频是近几年比较火的宣推手段之一，尤其以社区类平台小红书为代表。这种宣推形式也引发了一系列新问题，虚假宣传现象突出，主管机关和自媒体平台一直在加强对这方面的治理。

2023 年《互联网广告管理办法》生效后，对于“种草”笔记/“探店”视频中构成广告的部分提出了形式合规要求，目前正处在专项治理阶段。“种草”笔记和“探店”视频需要特别注意的问题集中在呈现形式和内容虚假两个方面。

（一）呈现形式不合规

“种草”笔记/“探店”视频并非全部都是广告，其中满足一定条件的笔记或视频会构成广告。判断标准来自 2023 年 5 月 1 日生效的《互联网广告管理办法》的第 9 条规定，即“通过知识介绍、体验分享、消费测评等形式推销商品或者服务，并附加购物链接等购物方式的，广告发布者应当显著标明‘广告’”。换言之，如果“种草”笔记或“探店”视频内容涉及宣传或推销，同时带有指向具体商品或者服务的购物链接，一律认定为广告；否则，则不是互联网广告。根据《广告法》和《互联网广告管理办法》的规定，广告应该具有可识别性，明确标注“广告”字样。对于构成广告的“种草”笔记或“探店”视频，应在其右上角或者其他位置，加注“广告”字样，否则涉嫌违规，可能会被平台或者主管机关处罚。

经典“踩雷”案例：自媒体账号发布种草视频未标注广告被罚

重庆市渝北区市场监督管理局公示的信息显示，其根据群众举报，发现网络达人杨某某通过抖音账号发布的体验分享形式的推销商品视频里带有购物链接，但却并未明确标注“广告”。

渝北区市场监督管理局经过调查认为，杨某某的行为涉嫌违反了《互联网广告管理办法》中的相关规定，因此作出罚款 5 000 元的处罚。这个处罚也是《互联网广告管理办法》颁布实施以来，重庆地区查处的首个案例[①]。

（二）内容虚假

“种草”笔记或“探店”视频目前最大的问题是虚假宣传问题，这一点在主管机关开展的专项行动或者平台近几年发布的治理公告中都有体现。常见的虚假宣传行为主要有如下三种：

1. 无费置换

即通过提供实物、权益或者资源，换取博主对于某一商品或者服务的正向评价。

经典“踩雷”案例：江苏省首例“虚假种草”案

扬州市某商务有限公司为了对其销售的某品牌服装进行推广，制定了与小红书博主合作的营销方案，由博主在其淘宝店铺下单购买喜欢的

①《假探店，真广告？罚！》，载法制网 2023 年 8 月 3 日，https://weibo.com/2087875965/ 4930619509573132。

衣服，收到订单号后，其将已支付的购物款返还博主，但仍会按订单将衣服发货给博主。合作过程中，该公司建议博主使用高热度词语编辑文案在小红书上发布推广笔记。

高邮市市场监管局认为，《网络交易监督管理办法》《反不正当竞争法》《电子商务法》等法律法规明确规定，电子商务经营者不得进行虚假或者引人误解的商业宣传，欺骗、误导消费者，对该公司依法处以罚款 28 000 元的行政处罚。

2. 看图写文

即根据委托方提供的图片，在没有实际使用的情况下，博主直接配上文案发表。

经典“踩雷”案例：上海市某牙套公司虚假宣传案[①]

2020 年 12 月 30 日至 2021 年 2 月 25 日期间，某雅齿科科技（上海）有限公司（以下简称“某雅公司”）委托上海某文化传播有限公司（以下简称“文化传播公司”），招募 400 名小红书博主，发布了 400 篇“某雅”隐形牙套笔记，项目服务费 339 200 元。某雅公司制定了宣传要点，包括产品主要卖点、品牌优势、标题一级关键词、内容关键词等，并指示牙套生产商向文化传播公司发送推广所需物料。文化传播公司将推广所需物料提供给小红书博主，后者按照宣传要点要求，自行撰写体验笔记，然后交某雅公司审核、确认，后通过个人账号发布笔记。该等小红书博主并未使用过“某雅”隐形牙套，博文内容是虚构的。上海市自由贸易试验区市场监督管理局经调查，与其他几起违规行为一并对某雅公司处以 45 万元的罚款。

① 参见《中国（上海）自由贸易试验区市场监督管理局行政处罚决定书》，编号：沪市监自贸处（2022）152021001997 号。

3. 图文直发

即博主直接通过账号发布委托方提供的广告宣传素材。

经典“踩雷”案例：上海市某咨询公司帮助他人虚假宣传案①

2021年6月，上海某火策划咨询有限公司（以下简称“某火公司”）与案外人签订合同，约定某火公司为其“小炒黄牛肉”店铺提供点评笔记、小红书媒体推广工作。某火公司随后通过微信群招募网络达人，安排他们采用两种方式进行“大V探店”，一是通过和商家报接头暗号的形式免费用餐，然后撰写评论，二是不到店消费，直接写评论。某火公司会事先给网络达人提供brief模板（需要发布的文章的模板、图片和要求），网络达人使用该模板里的文字、图片在大众点评和小红书发布体验信息，评论消息要求是正面的，且发布后要向某火公司提供链接供审核，通过后根据网络达人的粉丝数量等决定费用。最终，某火公司组织未到店网络达人发表好评文章18篇，组织到店网络达人发表好评文章10篇，共收取案外人服务费17 271元。除此之外，某火公司还为其他两家案外人提供了相同的服务。上海市市场监督管理局以帮助他人进行虚假宣传为由，对某火公司罚款20万元。

案例分析

总的来说，通过上述案例可以看出，无论是“种草”笔记还是“探店”视频，作为互联网信息类内容，都需要满足基本的合法、合规要求，包括但不限于不得涉及黄赌毒、迷信、暴力、宗教/性别歧视，不得虚假宣传，不得有悖于社会主义核心价值观等。

---

① 参见编号沪市监静处（2022）062021001493号行政处罚决定书。

"省流"版本小提示

种草笔记和探店，注意两点不能偏。

呈现形式和内容，虚假问题要防范。

无费置换图文发，内容真实不能假。

标注"广告"不能忘，专项治理会严查。

扫码听书（如阅读不便，可扫码听书）

扫一扫

第三节　承接广告要注意哪些事项?

各大自媒体平台上对于承接广告的禁止事项或违规情形有详细规定，详情可参见各平台公告内容，不再赘述。根据各地广告主管机关所发布的违规广告案例来看，绝对化用语、医疗用语、虚假宣传、低俗用语一直都是自媒体领域广告内容违规的重灾区。下面就四种违规行为分别进行分析和说明：

1. 绝对化用语

绝对化用语源自《广告法》第9条第3项的规定，最初仅指“国家级”“最高级”“最佳”等极限性用语，后面不断扩充，成为一个涵盖范围极广的术语。《广告法》之所以禁用绝对化用语，其主要原因在于：市场、竞争态势、技术发展等都处于动态变化中，不是恒定不变的，因此广告语对商品或者服务的描述也不应该绝对化。在广告中使用绝对化用语，不但容易误导消费者，而且还可能不正当地贬低了同类商品或者服务，涉嫌构成不正当竞争。因此法律明确予以禁止。[①]

常见绝对化用语包括：最好、最优、极品、顶级、行业第一、最新技术、最先进、最科学、国家级产品、填补国内空白、全国首家、遥遥领先、冠军、最低价、全网最低、顶级工艺、顶级享受、最受欢迎、第一品牌、NO.1、TOP1、最高级、最高端、最前沿、最便宜、最新鲜、最强、最热销、最新、最火、最极致、独占鳌头、独此一家、业界领袖、引领、创领、领

① 糜志彬:《绝对化用语广告的认定标准及法律适用》，载“知产力”，2024年3月1日，https://www.sohu.com/ a/295027157_221481。

航、首创、唯一、最先进加工工艺等。当然，绝对化用语不限于此，只要广告语中表达了绝对化或极限性含义，即便没有使用上述词汇，依然属于广告违规。

经典“踩雷”案例：自媒体自称“第一”被罚20万[①]

灌南市场监督管理局根据群众举报，发现微信公众号“灌南百姓网”发布的自我介绍文章中使用了“灌南县第一大新媒体”和“灌南百姓网是灌南县第一大民间网站”等话术。灌南市场监督管理局经调查，认为上述话术违反了《广告法》第9条的规定，对该微信公众号的运营者何某某处以20万元的罚款。

2. 医疗用语

《广告法》第17条规定，“除医疗、药品、医疗器械广告外，禁止其他任何广告涉及疾病治疗功能，并不得使用医疗用语或者易使推销的商品与药品、医疗器械相混淆的用语”。但是对于何为“医疗用语或者易使推销的商品与药品、医疗器械相混淆的用语”，法律或者法规并没有给出更为详细的规定。实践中，食品饮料广告、保健品广告、化妆品广告经常会因使用医疗用语而被认定违规、处罚。

结合此前主管机关的处罚案例和平台规则，如下行为通常会被认定为使用医疗用语：（1）使用医学名称及诊疗科目名称，如中医、西医、中西医结合等；（2）使用疾病的名称及治疗用语，如医疗、医治、治疗、诊治、就诊、治愈等；（3）含有疾病诊断方法和手段的用词，如体检、化验等；（4）含有疾病治疗方法和手段的用词，如处方、开方、抗病毒等；（5）含有表述疾病症状改善的用词，如止痛等；（6）医疗术语/用语，如中药、西药、

① 参见澎湃新闻《江苏灌南－自媒体自称“第一”被罚20万 不服提起行政诉讼》，https://baijiahao.baidu.com/s?id=1616979770709342729&wfr=spider&for=pc。

药方、消炎、抗炎、活血、解毒、抗敏、防敏、脱敏、祛瘀等;(7)化妆品的商品广告中使用抗菌、抑菌、除菌、灭菌、防菌等宣传用语;(8)在广告中与药品进行比较。

经典"踩雷"案例:微信公众号发布的化妆品广告中使用"医疗用语"被处罚①

某某日化用品(上海)股份有限公司(以下简称"某日化公司")是微信公众号"言某堂"的运营方。2022年1月7日至2022年2月11日期间,该公众号上发布了名为"4 000名'博士后'参与共创!他们眼中的口碑好物是什么?"的广告,在宣传"研译臻萃赋活精华液5mL"和"研译植萃舒润修护霜5mL"两款产品时,使用了"甘草酸二钾,抑菌消炎,舒缓抗敏"等广告内容。上海市杨浦区市场监督管理局认为,某日化公司在上述广告中使用"抑菌消炎,舒缓抗敏"等医疗用语进行宣传,违反了《广告法》的规定,决定对某日化公司罚款1万元。

3. 虚假宣传

对于虚假宣传,简单理解就是宣传内容与实际不符。自媒体所发布的宣推内容如果被认定与实际不符,主管机关会援引《广告法》或者《反不正当竞争法》之一进行处罚。

实践中常见的虚假广告行为主要包括:(1)商品的性能、功能、产地、用途、质量、规格、成分、价格、生产者、有效期限、销售状况、曾获荣誉等信息,或者服务的内容、提供者、形式、质量、价格、销售状况、曾获荣誉等信息,以及与商品或者服务有关的允诺等信息与实际情况不符,对购买

---

① 参见上海市杨浦区市场监督管理局下发的沪市监杨处〔2022〕102022000113号《行政处罚决定书》。

行为有实质性影响的；（2）使用虚构、伪造或者无法验证的科研成果、统计资料、调查结果、文摘、引用语等信息作证明材料的；（3）虚构使用商品或者接受服务的效果的；（4）以虚假或者引人误解的内容欺骗、误导消费者的其他情形。

经典“踩雷”案例：李某某直播带货虚假宣传被罚款30万[1]

2020 年 11 月 10 日，某腕（上海）网络科技有限公司（以下简称“某腕公司”）安排旗下主播李某某通过淘宝直播平台“李佳琦 Austin”直播间推广产品“初普 stop vx 美容仪”，直播过程中使用“坚持用了一个月，就相当于打了一次热玛吉”的描述用语。上海市长宁区市场监督管理局认为，“初普 stop vx 美容仪”与“热玛吉”两者从定价、产品使用性能、功能、持续效果等方面都存在较大差异。某腕公司在无任何依据的情况下，将两者进行对比，容易引发受众不恰当的联想，足以对消费者造成误导，违反了《中华人民共和国反不正当竞争法》第 8 条第 1 款“经营者不得对其商品的性能、功能、质量、销售状况、用户评价、曾获荣誉等作虚假或者引人误解的商业宣传，欺骗、误导消费者”的规定，责令当事人停止违法行为，并罚款人民币 300 000 元。

4. 低俗内容

广告中不得含有淫秽、色情及其他低俗等内容，该等内容属于《广告法》第 9 条规定的“妨碍社会公共秩序或者违背社会良好风尚”。多年来，各级主管机关一直对低俗广告进行打击，但仍是屡禁不止，不时就会发现擦边广告的踪迹。

① 参见上海市长宁区市场监督管理局下发的沪市监长处〔2021〕052021000013 号《行政处罚决定书》。

经典"踩雷"案例：李某内衣广告处罚案

2021年2月24日上午，李某在其个人微博发布一条某品牌女性内衣广告，广告内含有"#我的职场救生衣#一个让女性轻松躺赢职场的装备@品牌官方"。该广告一经发出就遭到众多网友的反对和抨击。随后，该广告被下架，李某及品牌方分别发布致歉声明。随后，相关主管机关分别对广告代言人李某及其所属经纪公司上海某某文化传媒有限公司进行了处罚。

上海市奉贤区市场监督管理局依法对上述内衣广告进行了查处，认为上海某某文化传媒有限公司作为艺人李某的独家经纪人，在其发布某品牌女性内衣广告中未尽到审核义务，在文案中使用"躺赢职场"内容，已经超出女性内衣舒适度、性价比等推介范畴，把"躺赢职场"与女性内衣进行关联，是低俗的描述，存在物化、矮化甚至歧视女性的倾向。上述行为涉嫌违反了《中华人民共和国广告法》第9条第7项"妨碍社会公共秩序或者违背社会良好风尚"的规定，构成了发布违背社会良好风尚的广告违法行为。最终决定没收广告费33 003.01元，罚款20万元①。

北京市海淀区市场监督管理局依法对广告代言人李某进行了处罚②。海淀区市场监督管理局认为，"女性立足职场，靠的是能力和努力，上述广告将'职场'与'内衣'扯上关系，可以'躺赢职场'，是对女性在职场努力工作的一种歧视，是对女性的不尊重行为，文案内容低俗，有辱女性尊严"。李某作为公众人物在广告中利用自身的知名度为品牌

---

① 参见上海市奉贤区市场监督管理局下发的沪市监奉处〔2021〕262021000283号《行政处罚决定书》。

②《海淀区违法广告典型案例（第二期）》，载微信公众号"市监声音"2021年8月24日，https://mp.weixin.qq.com/s/3YQgpaUsqB6yjyWUKIUovw。

女性内衣作推荐，属于广告代言行为，且并未使用过该商品。基于《广告法》第 9 条和第 38 条的规定，北京市海淀区市场监督管理局作出行政处罚：一是没收违法所得 225 573.77 元；二是罚款 651 147.54 元，共计 87 万余元。

“省流”版本小提示

绝对化语要警惕，虚假宣传是大忌。

低俗、医疗不能碰，此乃违规重灾区！

扫码听书（如阅读不便，可扫码听书）

扫一扫

第四节 自媒体人需要对发布的违规广告承担责任吗?

自媒体人在满足一定条件的情况下，无须为其制作、发布或者代言的广告承担责任。前述条件包括:（1）自媒体人对于广告违规不明知或不应知；（2）自媒体人完整履行了免责需要的其他前置条件。

根据其在广告业务链条中扮演的角色不同，自媒体人在法律上具有不同的身份，通常会有广告经营者、广告发布者和广告代言人三种。（见表11）

表11 自媒体人免责条件

序号	业务角色	法定身份	免责条件
1	自媒体人根据品牌商/代理商的委托，制作广告	广告经营者	广告经营者、广告发布者和广告代言人原则上仅在明知或者应知广告虚假仍设计、制作、代理、代言、发布的，才对虚假广告承担连带责任。但是，如果虚假广告涉及的是关系消费者生命健康的商品或者服务，造成消费者损害的，广告经营者、广告发布者和广告代言人应当与广告主承担连带责任，不需要以明知或应知为前提
2	自媒体人不参与广告制作，仅将品牌商/代理商提供的广告通过账号发布	广告发布者	
3	自媒体人在广告中，以自己的名义、形象、声音等对商品、服务作推荐、证明	广告代言人	

需要强调的是，广告经营者、广告发布者和广告代言人仅在明知或者应知虚假广告的情况下承担责任是附有前置条件的，具体详情如下。如果广告经营者、发布者和代言人未能履行该等前置条件，则可能需要承担责任，无法免责。

（一）广告经营者和广告发布者的免责前置条件

广告经营者和发布者应该履行查验广告证明文件，核对广告内容的责任。查验广告证明文件指确认品牌商是否具有相关资质和证明文件，除了最基础的营业执照之外，还需要根据品牌商所从事的具体行业确定其资质和证明文件的种类，例如广告涉及化妆品，则需要其提供《化妆品生产许可证》，若为进口化妆品，则需要提供《进口非特殊用途化妆品备案凭证》或《进口非特殊用途化妆品备案电子信息凭证》；特殊化妆品需提供《进口特殊用途化妆品行政许可批件》。核对广告内容，指初步复核广告是否包含违规内容，例如法律规定的禁止性内容（如黄赌毒、分裂国家、有违社会主义道德风尚等）和违规性内容。

建立、健全广告业务的承接登记、审核、档案管理制度，能提供广告主的真实名称、地址和有效联系方式。

经典“踩雷”案例：“柯桥头条”虚假广告案

绍兴市市场监督管理局根据相关线索，对绍兴某度文化有限公司（以下简称“某度公司”）运营的微信公众号“柯桥头条”上发布的标题为“每天一贴，2 块钱逼走体内一年的湿气……”涉嫌虚假内容的广告予以立案调查。某度公司无法提供涉案广告中所宣称的产品功效等内容的佐证材料，也无法提供所宣传产品的相关批准材料，该广告所宣传产品的性能、功能、用途等与实际不符。绍兴市市场监督管理局根据《广告法》相关规定，对某度公司作出没收广告款 2 500 元、罚款 10 000 元的处罚[①]。

①《绍兴市局查处绍兴亦度文化有限公司发布虚假广告案》，载浙江政务服务网 2022 年 3 月 30 日，http://scjg.sx.gov.cn/art/2022 /3/30/art_1229602409_58923526.html。

（二）广告代言人的免责条件

1. 事前审查代言企业和产品义务：广告代言人应当对被代言企业和代言商品或服务进行充分了解，查阅被代言企业登记注册信息、相关资质审批情况、企业信用记录、代言商品的商品说明书（服务流程）以及涉及消费者权利义务的合同条款和交易条件等信息。

2. 充分使用代言产品义务：不得为未使用过的商品（未接受过的服务）作推荐、证明，应当充分使用代言商品，保证在使用时间或者数量上足以产生日常消费体验，确保宣称的功效等内容与实际体验相一致。在广告代言期内，应当以合理的频率、频次持续使用代言商品。为婴幼儿专用或者异性用商品代言的，应当由广告代言人近亲属充分、合理使用该商品。

3. 审核广告内容义务：基本同广告经营者和广告发布者的审核义务，包括但不限于全面核验所代言企业或广告经营者设计、制作的代言商业广告文案（样稿、样片、脚本）内容，是否与其代言的商品或者服务实际情况相一致，表现形式是否健康，拒绝夸大其词、格调不高的文案，注重语言严谨。

4. 留档义务：广告代言人应妥善记录对被代言企业信息了解情况、对商品体验和使用情况，保管相关广告代言合同以及代言商品消费票据等资料，建立承接广告代言档案。①

经典“踩雷”案例：景某广告代言翻车被罚没722万②

景某于2021年4月开始为广州某某某健康科技有限公司生产的“无限畅”品牌果蔬类食品做广告代言。该果蔬类食品为普通食品，广

① 参见北京市市场监督管理局下发的《北京市明星广告代言行为合规指引》。

②《广州市市场监管部门对演员景甜违法广告代言行为作出行政处罚》，载新浪财经网2022年5月28日，http://scjgj.gz.gov.cn/zwdt/ gzdt/content/post_8309527.html。

告词中带有“阻止油脂和糖分吸收”的功效描述，但广告主却无法提供材料证明前述功效。景某作为广告代言人，应知法律法规规定普通食品依法不得进行治疗、保健等功效宣传，且未经有效途径对代言商品的功效进行核实的情况下进行代言，违反了《广告法》相关规定。广州市天河区市场监督管理局依法对景某处以没收违法所得257.9万元、罚款464.22万元的处罚决定。景某随后通过微博发布致歉声明，就自己的行为郑重致歉。

“省流”版本小提示

自媒体人满条件，广告责任无需担；
不明不应知违规，前置条件全履行。
经营发布代言者，明知虚假才担责；
若损生命健康事，不论明知都要赔。

扩展阅读:《中华人民共和国广告法》

扫一扫

扫码听书（如阅读不便，可扫码听书）

扫一扫

第五节　自媒体平台或 MCN 拖延或拒绝支付分成收入如何处置？

自媒体人和经纪公司之间会签有经纪合同或商务合作合同，二者就收益分成产生纠纷时，会基于合同约定进行处置。同理，如果自媒体人或自媒体平台就收益分成产生矛盾，同样会基于双方之间达成的协议进行处理。

自媒体人如遇到 MCN 或平台拖欠结算费用，可以按照如下流程处理。

首先，查阅双方之间的合作协议，确认付款条件是否已经成就。合同通常都是 MCN 或者平台提供的格式合同，整体上会按照约定内容的性质区分各个部分，如甲方权利和义务、乙方权利和义务、知识产权归属、收益和分配、争议解决等。但需要注意的是，部分合同中各部分项下的条款会互相牵制。在此情况下，付款条件可能并非仅收益和分配项下约定的那么简单。

其次，在确认付款条件已经成就的情况下，向对方发送催款函。催款函的内容主要是陈述自媒体人基于合同约定享有何种权利、对方违反了合同哪一条的约定、要求对方承担何种违约责任（立即支付分成款、支付违约金等）。催款函的形式通常为纸质函件、律师函或邮件，内容明确的手机短信和微信信息亦可。收件人首先应该是合同当中约定的联系人，包括合同正文中预留的联系人和合同首部预留的联系人。如果前述人员已经转岗、离职，则可以直接发送给公司的法定代表人（可以通过天眼查、企查查等 App 查询）。需要强调的是，短时间的延期付款或者少量的未足额付款，尽管构成违约，但并不足以导致合同无效。在此情况下，自媒体人可以通过书面形式表达对违约行为的不同意见，但尚不能以此主张解除合同（首次发函时）。

此外，单方解约行为，例如发送解约函，需要以发函一方具有单方解约权为前提，而单方解约权的获得，要么是基于合同条文中的明确约定，要么是来自法律规定。如果没有单方解约权，发送解约函自身就构成违约，也无法实现解除合同的目的。所以，发送解约函要慎重。

最后，根据MCN或平台反馈，决定是否提起诉讼/仲裁。发送催款函之后，如果对方有反馈，双方可以借此磋商，看是否可以通过沟通谈判方式解决争端。如果双方仍处在合作过程中，通过谈判解决争端是相对好的解决方式。如果对方迟迟无回应，或者经过沟通仍无法达成共识，则建议根据合同约定提起诉讼或仲裁。在提起诉讼后，法院通常还会组织调解，当事人也可以请求法官协助调解，一般在判决书作出前，双方都有和解的机会。所以并不是提起诉讼或者仲裁后双方就再也无法沟通了，恰恰相反，诉讼可能会成为双方达成和解的契机。此外，诉讼流程所需时间可能会比法律规定的时间长，尤其是在一些诉讼案件受案较多的基层法院，一审可能就需要1至2年的时间；加上二审（如果有），则时间更长。这么长的诉讼周期，自媒体人在提起诉讼前要有合理预期。

典型案例：赖某某诉广州蜜某合同纠纷[①]

2019年4月16日，赖某某与被告广州蜜某文化传播有限公司签订了《新媒体经纪合同》，有效期3年，到期后自动续期2年。合同约定，双方将在自媒体推广及独家广告代理、电商运营及供应链支持和演艺发展三个方面展开合作。合同项下代理业务的全部经营收益由被告收取，之后被告将按合同约定与原告进行收益分成。同日，原被告双方还签订《艺人合作之补充协议》，约定以全部广告代理业务的净收入（实际到账的税后收入金额—制作成本）作为双方分成基础，人力成本经双

① 广州市番禺区人民法院民事判决书（2019）粤0113民初14942号；广州市中级人民法院民事判决书（2021）粤01民终6257号。

方协商确认后由原告承担，并在实现变现之后从净收入中扣除，广告业务收入由双方按比例共享净收入。每个公历月双方结算一次收益。双方应于结算期次月初的15个工作日内确认收益结果并完成收益结算款的支付。IP广告分成比例为5 ∶ 5。合同履行期间，双方共合作了16个项目，收入税前金额是526 500元，全部由被告收取，原告的分成金额为261 849.95元，被告总共付给原告41 010元。因为被告未按合同约定向原告结算收入，原告先后发送了两次律师函：2019年9月28日的律师函要求被告收到函件之后3日内结算全部收益款；2019年10月14日的律师函继续要求被告支付收益款，同时主张称因被告不履行结算义务，自收到律师函之日解除双方签订的合同，被告应立即解除绑定抖音账号。后原告向法院起诉请求：（1）确认双方的合同已经解除；（2）被告立即支付应结算收入276 500元；（3）被告立即支付违约金50万元；（4）被告承担本案的诉讼费用。被告称其不支付原告款项的原因是原告未提供发票。

案例分析

一审法院经审理认为，原告通过微信以及律师函的方式两次要求被告结算款项，被告均未支付，构成根本违约。至于被告提出的原告未开发票的抗辩意见，一审法院不予采纳，理由如下。

第一，开具发票只是合同的附随义务，而非主要义务，原告未开发票行为并不构成根本违约；第二，根据合同约定，被告完全可以代扣代缴原告税款，并不存在不开发票就不能付款的情况；第三，从合同实际履行的情况来看，被告实际也为原告的59 000元的收入代扣了1 380元的税费，并不存在实际操作的障碍。综上，未开发票只是被告拒不支付分成款的托词，一审法院对于被告的抗辩意见不予采纳。一审法院同时认为，被告存在根本违约行为，原告进行了合理催促之后被告依然不予履行，因此原告有权解除合同。

至于原告主张的违约金，在被告不履行合同主要义务之后，原告已经及时通知被告解除合同，可以自行进行其他业务。但考虑原告经营许久的具有一定粉丝量的抖音账号与被告的银行卡绑定，且被告拒绝解绑，导致原告无法继续使用该账号进行广告发布，造成了一定的损失，综合本案情况，一审法院酌定被告赔偿违约金 10 万元。综上，一审法院最终判决：双方签订的合同于 2019 年 10 月 14 日解除；被告于判决发生法律效力之日起 5 日内向原告支付未分配收入 214 572.52 元；被告于判决发生法律效力之日起 5 日内向原告支付违约金 10 万元；驳回原告的其余诉讼请求。被告不服提起上诉，二审法院经审理，驳回上诉，维持原判。

“省流”版本小提示

收益分成有纠纷，合同协议来定准。

先找对方联系人，转岗离职找法人。

沟通谈判是首选，对方无应再诉讼。

诉讼周期时间长，自媒体人要考量。

扫码听书（如阅读不便，可扫码听书）

扫一扫

第四章

直播带货是自媒体账号商业化变现的一个重要方式，本章将围绕着直播带货中易出现的法律问题展开论述。

第一节　直播带货商品怎么选?

“某某网红带货翻车了”“某某产品被检测出某某问题了”……此类事件常登上网络热搜榜。中国消费者网、对外经济贸易大学消费者保护法研究中心、北京阳光消费大数据研究院等机构于 2023 年 4 月联合发布的《直播带货消费维权舆情分析报告》显示，2022 年直播带货消费维权舆情反映的问题中，涉及产品质量问题的占 45.75%，在维权舆情反映问题中位居第一。相关现象包括：有的主播在直播间以低于品牌市场价的价格售卖假冒伪劣产品，有的主播销售不符合质量标准的商品或不符合食品安全标准的食品，有的主播在直播间展示正品，发货销售的却是残次品。这类问题既损害了具体消费者的权益，也破坏了直播带货行业在消费者心中的形象，扰乱直播电商市场，进而影响各主播从业者，因此，直播带货的商品质量及品质把控非常重要。

（一）商品合规审查

直播带货的商品问题该如何防范呢？除了在意识层面上认识到商品质量及品质的重要性，还需要在组织架构及业务运作流程上做好安排布置，专设相应的商品选品团队，并在合规上落实关键环节的审查把控，包括以下几个方面。

1. 资质审查

主播及 MCN 机构应首先审查合作供应商及商品相关资质是否符合相关规定，主要审查以下几个方面。

（1）合作供应商相关资质审查

对于一般商品，查看供应商供应该商品行为是否在其营业执照经营范围内，如需事先获得经营许可才能经营销售的商品，还应查看相关许可资质，例如，经营食品的合作供应商，须查看其有无《食品经营许可证》。

（2）商品品牌相关资质审查

请合作供应商提供该商品的商标注册证，审查该合作供应商是否为该商品商标的合法持有人；如果该合作供应商不是该商标的合法持有人，请合作供应商提供该商品商标的注册人至合作供应商为止的完整授权链路。例如，合作供应商甲公司请乙主播为其直播推广销售其二级经销的丙品牌化妆品（假设一级经销商是丁公司），则需要请甲公司提供丙品牌公司授权给丁公司的一级经销授权材料，丁公司授权给甲公司的二级经销授权材料，以证明商品合法来源于丙品牌公司。

（3）商品相关资质审查

请合作供应商提供商品合格、合规及符合宣称内容的相关资质材料做相应审查。包括但不限于：提供一年以内商品的质检报告，审查商品质检情况；如商品是需要备案或许可才能上市的，还需要提供相应的备案或许可证书，比如：如果产品为非特殊用途化妆品，则提供国产非特殊用途化妆品备案的依据，如果产品为特殊用途化妆品，则需要提供国产特殊用途化妆品卫生许可批件；如果商品宣称无公害、绿色、有机，或商品属于地理标志产品的，需要提供相应的三品一标证书等。

（4）其他相关资质

此外，如果商品是进口的，还需要审查商品合法来源于国外，包括但不限于：报关单、检验检疫合格证明，以及如果合作方非报关单上的消费使用单位或收货单位，则需要提供以报关单上的消费使用单位或收货单位为源头的完整链路材料，如委托报关协议等。

2. 样品核验

主播及 MCN 机构须再次针对商品要求合作供应商提供样品予以实质核验，并根据商品样品情况作必要的调查及检测，看商品的质量是否符合相关规定以及品质是否符合相应要求。主要包括以下方面。

（1）商品样品的审查

商品样品的实质审查包括但不限于：对商品的包装、标签、产品说明书等进行审查，对商品样品进行试样测评，检验产品的质量和品质。具体而言，检查包装方式是否符合相关标准，包装上所描述的内容是否与商品相符，宣传语是否合法合规以及是否与产品标识及说明书相符；检查标签标识上所载明的商品名称、产地、规格、等级、生产日期、保质期等内容是否与商品及商品相关资质所载明的信息相符；检查说明书主要信息与商品及商品相关资质所载明的信息是否相符。同时，通过看、感、测等方式进行商品样品的评测，评测方面包括商品功能、性能、功效、安全性、外观、体感、不良反应等。

（2）调研及第三方检测

对于商品样品审查时发现疑点或对商品相关情况不能确定时，可委托第三方专业检测机构进行抽检，以保证商品符合选品要求。同时，也可对推广已售出的供应商商品，进行“神秘抽检”，即自行组织人员作为“神秘买手”去随机购买相关商品，然后进行体验及检测。通过该方式督促供应商对发给消费者的“大货”商品与提供的样品商品保持一致。此外，必要时还可对商品供应商的生产情况、流通情况等进行实地调研，包括但不限于对生产环境、机器设备、从业人员、原料辅料、包装标识、运输仓储、质量管理等方面的考察，以全方面保障产品的质量与品质。

经典“踩雷”案例：罗某某“交个朋友直播间”羊毛衫“翻车”事件①

2020 年 11 月，罗某某在“交个朋友直播间”销售皮尔卡丹羊毛

① 《羊毛衫“翻车”，罗永浩承认带货直播间售假》，载微信公众号“每日经济新闻”2020 年 12 月 15 日，https://mp.weixin.qq.com/s/hmZpjgWW54jeJ92Usu1r-g。

衫，有消费者反馈怀疑羊毛衫系假货，非纯羊毛。后罗某某通过微信等渠道发布《关于11月28日交个朋友直播间所销售“皮尔卡丹”品牌羊毛衫为假货的声明》，说明该事件情况，公开向消费者道歉，主动给予消费者三倍赔付，并表示系其合作渠道商涉嫌伪造文书、涉嫌蓄意欺诈。

案例分析

通过该事件可以看出，罗某某“交个朋友直播间”运营团队未能在直播前及时发现供应商及相关商品资质存在问题是造成该售假事件的直接原因，同时，若其运营团队直播前能对样品做好实质核验，作一些必要的调查及检测，也许能在直播前及时发现问题，进而联动对供应商及相关商品资质进行重点审查，可能会避免该事件的发生。

“省流”版本小提示

食品经营要许可，非特妆品要备案。
绿色有机无公害，证书齐全才信赖。
进口商品更需审，报关检疫得齐全。
样品核验不能少，包装标签说明书。
神秘抽检不可少，实地调研更全面。
直播选品要用心，品质安全才能赢！

扫一扫

扩展阅读：另附中国广告协会2021年3月发布的《网络直播营销选品规范》及《常见行业商家商品资质要求》，供读者扫码阅读。

（二）商品负面清单

除了了解正向的商品合规审查要点外，同时也需要了解商品的负面清单。依据我国法律法规的相关规定，结合相关省市发布的《网络直播营销活动合规指引》，网络直播形式不得推销以下商品或服务：

1. 不符合保障人身、财产安全要求和环境保护要求的商品或服务；

2. 国家明令淘汰并停止销售、失效、变质的商品；

3. 不符合强制性国家标准的商品，无质量检验合格证明或者无中文标明产品名称、生产厂厂名和厂址的商品；

4. 损害国家利益和社会公共利益，违背公序良俗的商品或服务；

5. 未依法取得许可、备案、强制性认证或者其他特殊管理要求的商品；

6. 侵犯他人知识产权的商品或服务；

7. 国家药品监督管理部门发布的《药品网络销售禁止清单》中的药品；

8. 处方药、烟草制品（含电子烟）、声称全部或者部分替代母乳的婴儿乳制品、饮料和其他食品等法律、行政法规禁止发布广告的商品或服务；

9. 枪支、弹药、军火武器类商品，军用、警用类商品，管制器具类商品等；

10. 色情、暴力、低俗类商品，赌博、博彩类商品或服务等；

11. 法律法规禁止销售的动物、植物及相关制品，以及法律法规禁止使用的猎捕工具；

12. 危险化学品、易制毒化学品；

13. 有关部门明令暂停进口、销售的商品；

14. 法律、行政法规禁止网上交易的其他商品。

医疗、药品、医疗器械、农药、兽药、保健食品、特殊医学用途配方食品等法律、行政法规规定应当事先进行广告发布审查的商品和服务，不适宜以网络直播形式营销。

经典“踩雷”案例：六安市裕安区某茶文化经营部售卖禁限售商品案[1]

2023年5月31日，六安市裕安区市场监督管理局执法人员根据市长热线线索，对六安市裕安区某茶文化经营部进行了现场检查。经查，当事人运营的抖音账号“大别山文化个体点2号”自5月13日起，直播售卖未退出流通的面值5角和1角的人民币纸币，违反了《中华人民共和国人民币管理条例》第25条第1款的规定。2023年8月23日，六安市裕安区市场监督管理局依据《中华人民共和国人民币管理条例》第44条第1款，对当事人作出罚款1.57万元的行政处罚。

案例分析

人民币是中华人民共和国的法定货币，《中华人民共和国人民币管理条例》明确规定“禁止非法买卖流通人民币。”当事人未经批准，非法售卖流通人民币的行为损害了人民币的信誉，应当予以严惩。

“省流”版本小提示

合规直播记心上，负面清单勿忽视；

公序良俗守底线，网上交易守规矩。

---

①《“双十一”小心这些“坑”！最新公布网络交易十大违法典型案例》，载微信公众号“安徽市场监管”2023年11月6日，https://mp.weixin.qq.com/s/-FcP7MLQqj1uXqX-eZIVMg。

扫码听书（如阅读不便，可扫码听书）

扫一扫

第二节 直播带货话术“避坑”重点

从直播带货消费维权的舆情来看，因直播营销过程话术引起的问题不在少数，直播电商行业市场中的乱象也大部分和直播话术违规有关，行业主管部门也在这方面进行了重点监测和监管。因此，直播带货话术如何“避坑”显得尤为重要。依据我国相关法律法规，结合直播带货实践问题，为从事直播工作的自媒体人总结了以下方面的“避坑”指南。

（一）坚持正确价值导向

内容安全是自媒体从业者首要考虑的问题，它直接关乎着自媒体账号的存亡。直播带货话术实质是营销内容，因此，亦需首先关注内容安全问题，着重注意直播所涉内容的价值导向。即在开展网络直播营销宣传时，要坚持正确的价值导向，弘扬社会主义核心价值观，营造良好网络生态。不要发布违法信息及不良信息，包括但不限于：

1. 涉政敏感类

（1）危害国家安全，或者损害国家荣誉和利益的；

（2）使用或者变相使用中华人民共和国国旗、国歌、国徽，军旗、军歌、军徽；

（3）使用或者变相使用国家机关、国家机关工作人员的名义或者形象；

（4）破坏国家宗教政策，宣扬邪教和封建迷信的；

（5）煽动民族仇恨、民族歧视，破坏民族团结的；

（6）歪曲、丑化、亵渎、否定英雄烈士事迹和精神，以侮辱、诽谤或者其他方式侵害英雄烈士的姓名、肖像、名誉、荣誉的。

2. 涉恐、暴、黄、赌、毒等类

（1）宣扬恐怖主义、极端主义或者煽动实施恐怖活动、极端主义活动的；

（2）散布淫秽、色情、赌博、暴力、凶杀、恐怖或者教唆犯罪的。

3. 损害公共利益及他人合法权益类

（1）散布谣言，扰乱经济秩序和社会秩序的；

（2）妨碍社会公共秩序或者违背社会良好风尚的；

（3）侮辱或者诽谤他人，侵害他人名誉、隐私和其他合法权益的。

4. 不良信息类

（1）炒作绯闻、丑闻、劣迹等的；

（2）不当评述自然灾害、重大事故等灾难的；

（3）带有性暗示、性挑逗等易使人产生性联想或宣扬低俗、庸俗、媚俗内容的；

（4）展现血腥、惊悚、残忍等致人身心不适的；

（5）煽动人群歧视、地域歧视等的；

（6）可能引发未成年人模仿不安全行为和违反社会公德行为、诱导未成年人不良嗜好等的。

经典“踩雷”案例：天水网警迅速行动，依法惩处低俗剧本演绎炒作直播团伙[①]

账号“甘肃某飞”（粉丝42.7万）、“甘肃某diu”（粉丝15.7万）、“王某二·未来可期”（粉丝1.4万）、“三某哥”（粉丝13.3万）及“天

①《天水网警迅速行动，依法惩处一个低俗剧本演绎炒作直播团伙》，载微信公众号“天水网警”2023年9月23日，https://mp.weixin.qq.com/s/SpkiZTuyf75lZOGaSchz1g。

水某杠”（粉丝 6 196 人）等 5 名网络主播为达到博取眼球、吸引流量、赚取打赏的目的，按照前期策划编造的剧本制造“订婚悔婚”“彩礼退还”“婚礼逃跑”“变卖资产”等假象，频繁在直播间演绎有违伦理道德甚至涉嫌违法违规的情节，恶意炒作低俗剧本，先后直播 10 余场，观看人次最高达 1.4 万人同时在线，严重扰乱网络生态和败坏城市形象，违背社会公序良俗和价值导向，引发大量网民投诉举报，造成恶劣社会影响。2023 年 9 月 22 日，天水市公安局麦积分局网安大队根据《中华人民共和国治安管理处罚法》《网络主播行为规范》等相关规定，对 5 名违法行为人分别依法作出 3 至 8 日的行政拘留处罚。

“省流”版本小提示

内容安全记心间，账号生死一线牵。

直播须传正能量，违法不良别沾边。

（二）防范虚假宣传

对商品或服务进行虚假宣传是直播带货行业乱象中最常出现的问题，也是行业主管部门重点监管打击对象。在近年各地市场监管部门公布的典型违法案例中，虚假宣传的违法案例频现。那么，该如何防范虚假宣传？

首先，需要了解一下虚假宣传常见的类型有哪些。

根据相关法律法规，结合直播带货实践，虚假宣传常见类型可概括为：虚假营销、虚假评价及虚假流量。

虚假营销主要有以下情形：（1）商品的性能、功能、产地、用途、质量、规格、成分、价格、生产者、有效期限、销售状况、曾获荣誉等信息，或者服务的内容、提供者、形式、质量、价格、销售状况、曾获荣誉等信息，以及与商品或者服务有关的允诺等信息与实际情况不符，对购买行为有实质性影响的;（2）使用虚构、伪造或者无法验证的科研成果的;（3）虚构使用商品或者接受服务的效果的;（4）采用谎称现货、虚构预订、虚假抢购等方式进行营销。

虚假评价主要有以下情形:（1）虚构交易、编造用户评价;（2）采用误导性展示等方式，将好评前置、差评后置，或者不显著区分不同商品或者服务的评价等。虚假流量，主要包括虚构点击量、关注度等流量数据，以及虚构点赞、打赏等交易互动数据。

其次，需要了解一下虚假宣传的防范要点，重点如下。

1. 审查商品相关要素情况，清楚知悉商品情况

全面审查商品的包装、标签标识、说明书以及商品其他必要的资质材料，对于商品资质材料缺失、商品描述与商品真实情况不符的，不予上播。通过审查核对并熟悉商品的性能、功能、产地、用途、质量、规格、成分、价格、生产者、有效期限、销售状况、曾获荣誉等信息，以在直播时能够准确表达。

2. 客观、清晰表达商品的真实情况，不夸大、不虚假、不让人误解

对于商家提供的商品宣传或主要卖点文案，要查看相应宣传内容是否有充分的依据支撑，没有相应依据支撑的内容不作营销宣传。如：在推销一款化妆品时，如果商家宣称该化妆品具有美白功效，那就需要对应查看商家是否能提供美白功效的特殊化妆品注册证。如果有，则可以按照注册证所批准功效进行宣称，如果没有，则不能进行美白功效宣称。做到宣称和商品的真实情况相符，不虚假，不夸大，也不引人误解。

3. 杜绝虚假评价和虚假流量行为

虚假评价和虚假流量是虚假交易行为的一种表现，该行为往往给消费者以直播间或店铺人气旺、商品好的形象，对消费者购买商品的决定带来了实质性影响，是一种典型的虚假行为。此类虚假行为所带来的法律责任后果，除承担由此给消费者带来的损害赔偿以及市场监管部门进行的行政处罚外，涉及刷单、组织刷单行为，情节严重的，还可能面临刑事责任风险。主播从业者应坚决杜绝虚假评价和虚假流量行为。

经典“踩雷”案例：主播号称直播带货“过亿”被罚20万元

北京市市场监督管理局2021年8月发布一则行政处罚决定书（文书号：京海市监罚字〔2021〕567号），行政处罚决定书显示：2020年6月7日19时到24时，主播“小伊伊”在某手平台开展“寺库专场”直播售卖活动，当日23时30分，当事人在某手平台官方账号“快手卖货助手”发布战报称，“寺库＊快手‘寺库奢侈品专场’中场战报23点30分成交额：破亿”。经核实，该场直播销售金额实为912万余元。当事人自认，其现场运营人员引用商家后台订单数据，并根据个人理解采用“成交额”（消费者下单金额，非消费者实际付款金额）表述，将订单金额当成实际成交金额予以发布，错误夸大了直播销售成绩，客观上误导了公众。当事人于2020年6月8日删除战报内容。该案处罚为：罚款当事人20万元。

案例分析

根据《中华人民共和国反不正当竞争法》第8条规定，经营者不得对其商品的性能、功能、质量、销售状况、用户评价、曾获荣誉等作虚假或者引人误解的商业宣传，欺骗、误导消费者。该主播因夸大直播销售成绩，客观上误导了公众，属于虚假宣传行为。

根据《中华人民共和国反不正当竞争法》第20条第1款规定，经营者违反第8条规定对其商品作虚假或者引人误解的商业宣传，由监督检查部门责令停止违法行为，处20万元以上100万元以下的罚款；情节严重的，处100万元以上200万元以下的罚款，可以吊销营业执照。本案对当事人进行了起罚点的处罚。

“省流”版本小提示

审查商品不放松，宣传真实莫忽悠。

带货直播要诚信，行业规范记心头！

扫码听书（如阅读不便，可扫码听书）

扫一扫

第三节 直播营销可以使用绝对化用语吗?

自 2015 年《广告法》修改后，“绝对化用语”成为广告违法重灾区，也是“职业打假人”重点“扫平”的对象。主播从业者直播营销应慎用绝对化用语。

(一)“绝对化用语”有哪些?

目前相关法律法规尚未绝对化用语的明确概念。结合《广告法》第 9 条“广告不得有下列情形：……（三）使用‘国家级’、‘最高级’、‘最佳’等用语”和各地市场监管部门的指导意见，绝对化用语通常表现为以下五种情形。（见表 12）

表 12 绝对化用语使用情形

“最”字当头	最佳、最优、最好、最大、最高、最高级、最高档、最低价、最便宜、史上最低价、最受欢迎、最舒适、最时尚、最先进、最科学等
力争“第一”	第一、中国第一、全国第一、全网第一、销量第一、排名第一、NO.1、TOP.1、独一无二、首款、独家、冠军等
划定“级”/“极”别	国家级、全球级、世界级、宇宙级、最高级、顶级等
争先“首”位	首个、首选、全球首发、全国首家、全网首发、首款、首家、独家、独家配等
语意绝对	纯天然、百分百、史无前例、永久、万能、无敌等

（二）使用“绝对化用语”的原则有哪些？

根据 2023 年 2 月 25 日市场监管总局发布的《广告绝对化用语执法指南》，将绝对化用语使用前提归纳如下：

1. 使用的绝对化用语具有客观真实性，并有相应依据支撑，不影响消费者知情权或者损害其他经营者合法权益的，可以使用。比如，某商品在某平台上一段时间内的销量排名第一，可据实描述一定范围内排名第一。

2. 使用的绝对化用语为明确主观愿景方向的、绝对化用语指向的内容与广告中推销的商品性能、质量无直接关联，且不会对消费者产生误导的，可以使用，包括：仅表明商品经营者的服务态度或者经营理念、企业文化、主观愿望的，或仅表达商品经营者目标追求的。如：目标为全国第一，希望能为消费者提供一流服务等。

3. 具有下列情形之一，使用的绝对化用语指向商品经营者所推销的商品，但不具有误导消费者或者贬低其他经营者的客观后果的，可以使用。

（1）仅用于对同一品牌或同一企业商品进行自我比较的；

（2）仅用于宣传商品的使用方法、使用时间、保存期限等消费提示的；

（3）依据国家标准、行业标准、地方标准等认定的商品分级用语中含有绝对化用语并能够说明依据的；

（4）商品名称、规格型号、注册商标或者专利中含有绝对化用语，广告中使用商品名称、规格型号、注册商标或者专利来指代商品，以区分其他商品的；

（5）依据国家有关规定评定的奖项、称号中含有绝对化用语的；

（6）在限定具体时间、地域等条件的情况下，表述时空顺序客观情况或者宣传产品销量、销售额、市场占有率等事实信息的。

（三）不当使用了“绝对化用语”会面临什么？

不当使用了“绝对化用语”通常会面临两类法律责任，一是根据《广告法》第57条的规定，违规发布绝对化用语广告的，由市场监督管理部门责令停止发布广告，对广告经营者、广告发布者，由市场监督管理部门没收广告费用，处20万元以上100万元以下的罚款，情节严重的，并可以吊销营业执照。二是可能承担民事赔偿责任，造成经济和商誉损失。根据《消费者权益保护法》第55条的规定，如果该绝对化用语广告的宣传行为被认定为欺诈行为的，应当按照消费者的要求增加赔偿其受到的损失，增加赔偿的金额为消费者购买商品的价款或者接受服务的费用的3倍；增加赔偿的金额不足500元的，为500元。

经典“踩雷”案例：永康查处首起直播带货违法广告案件①

永康市市场监督管理局根据北京市市场监管部门移送的线索发现，抖音主播曹某在网络直播带货时，使用“最好”等词语，涉嫌违反《广告法》第9条的规定，依法予以立案调查。

2021年8月22日22时02分，抖音主播曹某在直播带货小店平台某旗舰店销售口红商品时，口播“这个口红是用最好的膏体做的”“它是全世界最好的”等语句。鉴于主播曹某在网络直播时，口播“这个口红是用最好的膏体做的”“它是全世界最好的”各一次，没有重复使用，且当事人案发后积极配合调查，主动交代违法事实，提供有关证据，根据《广告法》等相关规定，永康市市场监管局对当事人作出以下处罚：一、责令停止发布广告；二、处以罚款13 000元人民币，上缴国库。

---

①《永康查处首起直播带货违法广告案件丨之江净网》，载微信公众号“网信浙江”2022年5月12日，https://mp.weixin.qq.com/s/1MLjWjmPiprQr5cpajK7Og。

"省流"版本小提示

"最"字"第一"别滥用，法规红线要记清。

真实依据是底线，违规代价不轻言。

自我比较可以有，误导消费不可留。

广告用语须规范，直播长久靠真言。

扫码听书（如阅读不便，可扫码听书）

扫一扫

第四节　直播为了卖货，可以虚构原价吗?

直播带货虚构原价是违规行为，属于价格欺诈。因此，应谨慎标注和表达商品的原价，清晰区分原价与平台所指划线价。

（一）什么是“虚构原价”？“原价”又指什么?

根据《禁止价格欺诈行为的规定》有关条款解释，虚构原价是指经营者在促销活动中，标示的原价属于虚假、捏造的价格，或者并不存在或者从未有过交易记录的价格。

“原价”是指经营者在本次促销活动前七日内在本交易场所成交，有交易票据的最低交易价格；如果前七日内没有交易，以本次促销活动前最后一次交易价格作为原价。需要注意的是，日常生成的“专柜价”“吊牌价”“正品零售价”“厂商指导价”或曾经展示过的销售价都不等同于“原价”。

（二）虚构原价会产生哪些法律责任?

一是面临行政处罚，根据《中华人民共和国价格法》和《价格违法行为行政处罚规定》（2010 年修订）相关规定，利用虚假的或者使人误解的价格手段，诱骗消费者或者其他经营者与其进行交易，责令改正，没收违法所得，并处违法所得 5 倍以下的罚款；没有违法所得的，处 5 万元以上 50 万元以下的罚款；情节严重的，责令停业整顿，或者由工商行政管理机关吊销营业执照。

二是可能承担民事赔偿责任，造成经济和商誉损失。根据《消费者权益保护法》第 55 条的规定，构成欺诈行为的，应当按照消费者的要求增加赔偿其受到的损失，增加赔偿的金额为消费者购买商品的价款或者接受服务的费用的 3 倍；增加赔偿的金额不足 500 元的，为 500 元。

经典“踩雷”案例：某家居直播间虚构原价

浙江省湖州市吴兴区吴市监处罚〔2022〕842 号案件：2022 年 8 月，当事人在抖音开设的“某家纺家居”直播间销售的“欧花外贸四件套”宣称“我这个外贸的，我这个 200 多美元的”“今天我这款 59.9 元”。但当事人无法提供其以 200 美元销售的相关记录。经调查实际从未以该价格销售过。后吴兴区市场监督管理局对该当事人作出没收违法所得并处罚款的行政处罚。

案例分析

当事人利用抖音平台直播销售“欧花外贸四件套”，通过虚构原价，造成较大折扣的虚假价格手段，误导消费者与其进行交易，违反了《中华人民共和国价格法》第 14 条第 4 项“经营者不得有下列不正当价格行为：（四）利用虚假的或者使人误解的价格手段，诱骗消费者或者其他经营者与其进行交易”的规定，属于利用虚假价格手段，诱骗消费者进行交易的违法行为。

"省流"版本小提示

直播带货中虚构原价是违规行为，属于价格欺诈。主播应谨慎标注和表达商品的原价，清晰区分原价与平台所指划线价。

日常生成的"专柜价""吊牌价""正品零售价""厂商指导价"或曾经展示过的销售价都不等同于"原价"。

扫码听书（如阅读不便，可扫码听书）

扫一扫

第五节　可以通过诋毁方式赢过竞品吗?

直播带货中，主播从业者应当结合商品对比的具体内容正确区分产品评价、商业评论与商业诋毁的界限，否则很容易掉入“商业诋毁”的坑。

何为商业诋毁？商业诋毁行为是指经营者自己或利用他人，通过编造、传播虚假信息或者误导性信息等不正当手段，对竞争对手的商业信誉、商品声誉进行诋毁、贬低的行为。通俗地讲，即在无事实和科学依据的前提下，公开对竞争对手的商品进行负面评价，影响其他同类产品商品声誉、商家信誉的行为，该行为会被认定为贬低竞争对手的商业诋毁行为，构成不正当竞争。

根据《广告法》第13条规定，广告不得贬低其他生产经营者的商品或者服务。违反该规定所产生的责任为：一是面临行政处罚，由市场监督管理部门责令停止发布广告，对广告主处10万元以下的罚款。广告经营者、广告发布者明知或者应知有前款规定违法行为仍设计、制作、代理、发布的，由市场监督管理部门处10万元以下的罚款。二是承担民事侵权赔偿责任。

经典“踩雷”案例：某网红直播诋毁“好奇”纸尿裤判赔20万

根据法院公开判决文书，原告金某某公司诉称，某网红在直播中为推销“帮宝适”品牌纸尿裤，将原告“好奇”纸尿裤与“帮宝适”进行直接比对，没有任何根据就声称“好奇”纸尿裤“就是不好”，并借“其他的尿布”之名，影射“好奇”纸尿裤“渗透性很差的，吸水真的很不好用”，诋毁原告产品的品质。最终法院审理认为，该网红在直播间对竞争产品作出误导性评论，相关言论构成商业诋毁。

［案例来源：（2021）沪 0110 民初 11719 号民事判决书］

“省流”版本小提示

直播带货别诋毁，产品评价要真实。

诋毁他人伤信誉，广告法里明禁止！

扫码听书（如阅读不便，可扫码听书）

扫一扫

第六节　脚本需要让品牌方提前确认吗？

单品直播脚本通常具有规范商品解说，帮助主播精准表达商品特色及卖点、引导或刺激用户下单的作用。因此，建议让品牌方事先确认，防止出现主播或其运营团队由于对商品的了解不够深入而产生卖点失实或瑕疵的情形，同时有助于在直播内容出现问题时厘清相关责任。

（一）“谁修改，谁负责”

主播或其运营团队人员根据品牌方提供的商品卖点卡拟定商品脚本时，如修改品牌方提供的卖点卡，其修改部分出现问题的，根据相关法律法规，应由直播间运营者或直播营销人员承担相应法律责任，即“谁修改，谁负责”。

（二）“一字不改”谁担责？

那么，是不是品牌方提供的卖点卡或脚本，主播或其运营团队一字不动，如若出现问题，就不用承担责任呢？也并非如此，因为根据相关法律法规，直播间运营者和直播营销人员负有对品牌方提供的直播内容予以审核的义务，并负有对其直播内容与所链接的商品或者服务是否相符予以核验的义务。若因直播间运营者和直播营销人员应予以审核而未审核导致最终直播内容违反相关法律法规的，直播间运营者和直播营销人员仍需承担相应责任，当然品牌方也需承担相应责任。

（三）应对策略——事先约定

对于因品牌方提供卖点卡违法违规的，直播间运营者可以与品牌方事先约定该种情况最终由品牌方来承担责任，若直播间运营者或直播营销人员对卖点卡或脚本做了修改，并事先让品牌方提前确认的，若修改部分违法违规，双方可事先在合同中约定这种情况的责任分担方式。

“省流”版本小提示

品牌方先审一遍，谁改谁担责任清。

卖点修改要留心，主播责任不可轻。

一字不改也须审，违规风险要防清。

事先约定防风险，合同定责好双赢。

扫码听书（如阅读不便，可扫码听书）

扫一扫

第七节　主播需要对带货商品负责吗?

在前面章节有提到过，根据消费者网、对外经济贸易大学消费者保护法研究中心、北京阳光消费大数据研究院等机构联合发布的《直播带货消费维权舆情分析报告》，2022 年直播带货消费维权舆情反映的问题中，产品质量问题在维权舆情反映问题中位居第一。那么，当带货商品出现质量问题时，带货主播需要负责吗?

这个问题，首先要从主播在直播带货过程中所处身份来看，不同身份，对所售商品的义务及责任是不同的。结合行业实践情况，主播身份大体可分为三大类。

第一类是主播直播推广销售的是自家产品或自营商品，这里简称“店播”；第二类是主播直播推广销售的是其他品牌方委托推广的商品，这里简称“达播”；第三类是主播从属于单位或机构，作为单位或机构的工作人员，根据单位或机构的意志进行商品的推广销售。前两类主播一般为自己注册账号开设直播间，系直播间运营者，最后一类主播一般为单位或机构的直播间进行工作，仅系直播营销人员，该类情况，一般由单位或机构对外进行相关直播间的运营及合作的承接，由单位或机构承担相应的权、责、利。本书主要侧重分析在前两类模式下，主播对直播带货所售商品的责任情况。

（一）店播模式

此种模式下，用户是从主播自营店铺下单购买，用户与主播自营店铺发生的是商品交易的买卖合同关系，主播既是商品的推广方，又是商品的销售方，该种情况下各方的法律关系及权责相对较清晰，主播需要对所售商品负责，包括但不限于商品的质量、货物破损、发货迟延、退换货等售后责任。

（二）达播模式

此种模式下，主播自己注册账号开设直播间，为直播间运营者（此种模式下可能还有主播背后的 MCN 机构作为直播间运营者，在此暂不作讨论），主播推广上架的商品链接来自品牌方店铺，用户从品牌方店铺下单购买，用户与品牌方店铺产生商品交易的买卖合同关系，品牌方作为商品的销售方，首先应对所售出的商品负责。对于作为商品推广者的主播，是否需要承担责任，应据情况而定。其核心逻辑为，直播带货行为若构成广告的，主播须依法履行作为广告发布者、广告经营者或（及）广告代言人的义务，若相关义务没有尽到，就会承担相应的责任。通过梳理，主播在以下情形下，需要承担一定的责任。

（1）直播内容若构成广告的，对关系消费者生命健康的商品虚假发布或推荐、证明，以及其他商品主播明知虚假广告仍发布或推荐、证明，造成消费者损害的，主播应当与商品经营者承担损害赔偿的连带责任。

如此前章节所述，主播直播推广商品或者服务，构成商业广告的，主播应当依法承担广告主的义务和责任。主播若以自己的名义和形象对商品或服务作推荐或证明，构成广告代言的，还应当依法承担广告代言人的义务和责任。

主播在直播推广介绍商品过程中，对商品进行虚假宣传的，根据《广告法》第 56 条的规定，“违反本法规定，发布虚假广告，欺骗、误导消费者，使购买商品或者接受服务的消费者的合法权益受到损害的，由广告主依法承担民事责任。广告经营者、广告发布者不能提供广告主的真实名称、地址和有效联系方式的，消费者可以要求广告经营者、广告发布者先行赔偿。关系消费者生命健康的商品或者服务的虚假广告，造成消费者损害的，其广告经营者、广告发布者、广告代言人应当与广告主承担连带责任。前款规定以外的商品或者服务的虚假广告，造成消费者损害的，其广告经营者、广告发布者、广告代言人，明知或者应知广告虚假仍设计、制作、代理、发布或者作推荐、证明的，应当与广告主承担连带责任”，对关系消费者生命健康的商品虚假发布或推荐、证明，以及其他商品主播明知虚假广告仍发布或推荐、证明，造成消费者损害的，主播应当与商品经营者承担损害赔偿的连带责任。

（2）主播明知或应知“问题商品”仍推广的，与商品经营者承担连带责任。

根据我国相关法律法规，直播间运营者负有对品牌方提供的直播内容予以审核的义务，并负有对其直播内容与所链接的商品或者服务是否相符予以核验的义务。同时，直播间运营者从事直播营销活动，应当真实、准确、全面地发布商品或服务信息，不得在知道或应当知道他人存在违法违规或高风险行为时，仍为其推广、引流。因此，主播在播前审查商品及直播内容过程中，发现商品不符合相关法律法规要求的，应拒绝或停止为品牌方推广，否则，将承担相应法律责任。

根据《最高人民法院关于审理网络消费纠纷案件适用法律若干问题的规定（一）》第 17 条，“直播间运营者知道或者应当知道经营者提供的商品不符合保障人身、财产安全的要求，或者有其他侵害消费者合法权益行为，仍为其推广，给消费者造成损害，消费者依据《民法典》第 1168 条等规定主张直播间运营者与提供该商品的经营者承担连带责任的，人民法院应予支持”，主播发现商品不符合相关法律法规要求，或者商品不符合要求但主播应予审核而未审核发现的，主播应与商品经营者承担连带责任。

（3）主播对依法需取得食品经营许可的食品经营资质未尽到法定审核义务的，应承担连带责任。

因食品牵涉国民的健康与安全，我国法律法规对食品的经营及监管比较严格，相关经营者也负有严格的义务及责任。

在“直播带货商品怎么选”一章中，也谈到了主播作为直播间运营者，应对所带货商品及商家合法资质进行审查，对于所带货物涉及食品的，需要更加严格把控。

根据《最高人民法院关于审理网络消费纠纷案件适用法律若干问题的规定（一）》第15条规定，网络直播营销平台经营者对依法需取得食品经营许可的网络直播间的食品经营资质未尽到法定审核义务，使消费者的合法权益受到损害，消费者依据《食品安全法》第131条等规定主张网络直播营销平台经营者与直播间运营者承担连带责任的，人民法院应予支持。

（4）主播未标明自己并非销售者，也未标明实际销售者的，承担商品销售者责任。

前面谈到经营者对销售商品承担责任的基础逻辑是，商品的销售者作为买卖合同法律关系的卖方对用户承担商品售后责任。如果用户下单时，主播并未直接表明自己是“达播”、品牌方是实际销售者的话，根据《最高人民法院关于审理网络消费纠纷案件适用法律若干问题的规定（一）》第12条规定，“消费者因在网络直播间点击购买商品合法权益受到损害，直播间运营者不能证明已经以足以使消费者辨别的方式标明其并非销售者并标明实际销售者的，消费者主张直播间运营者承担商品销售者责任的，人民法院应予支持”，消费者可向主播主张承担商品销售者责任。

具体解释如下图所示。

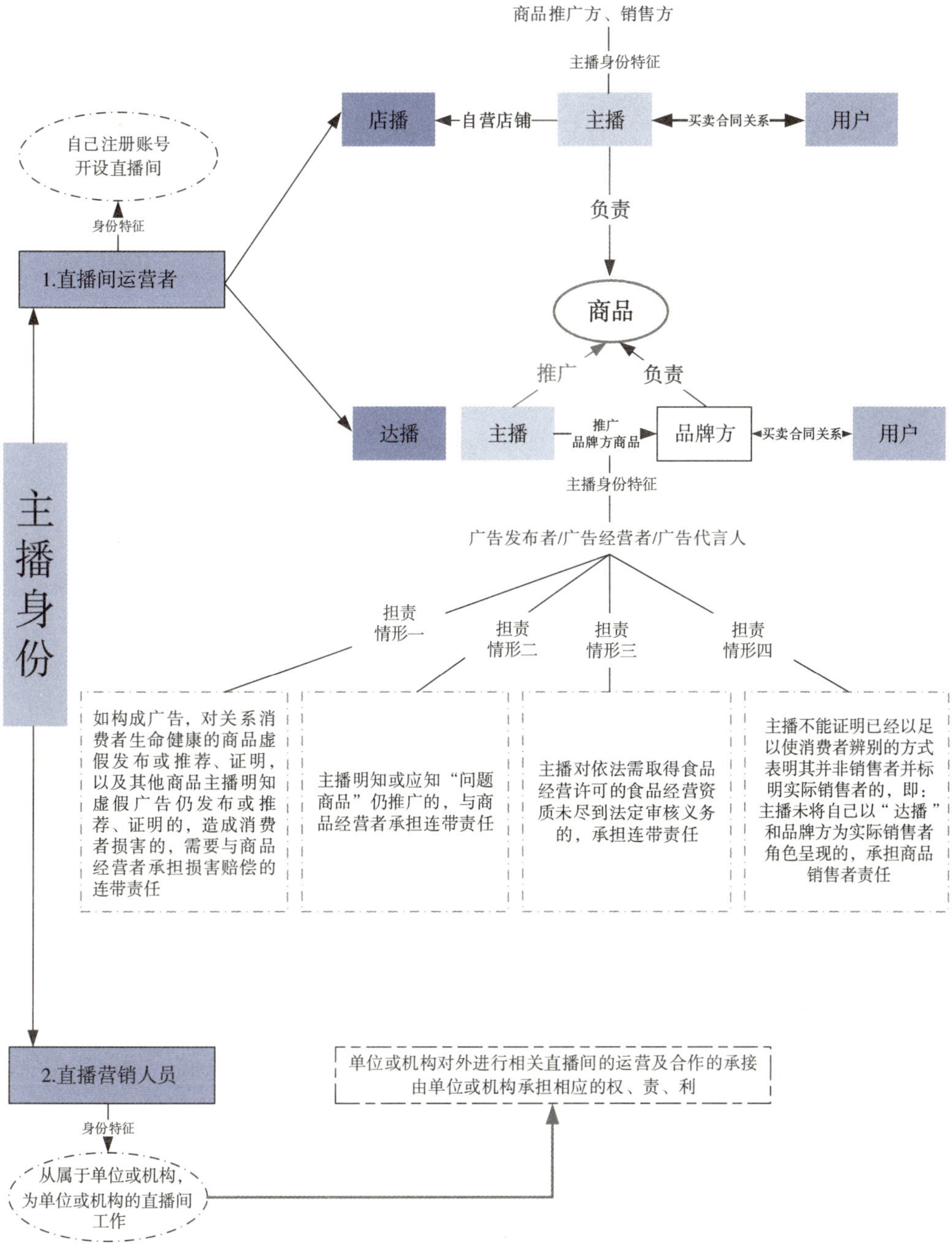

商品推广方、销售方
主播身份特征
店播
自营店铺
主播
买卖合同关系
用户
自己注册账号
开设直播间
身份特征
1.直播间运营者
负责
商品
推广
负责
达播
主播
推广
品牌方商品
品牌方
买卖合同关系
用户
主播身份特征
广告发布者/广告经营者/广告代言人
主播身份
担责
情形一
担责
情形二
担责
情形三
担责
情形四
如构成广告，对关系消费者生命健康的商品虚假发布或推荐、证明，以及其他商品主播明知虚假广告仍发布或推荐、证明的，造成消费者损害的，需要与商品经营者承担损害赔偿的连带责任
主播明知或应知“问题商品”仍推广的，与商品经营者承担连带责任
主播对依法需取得食品经营许可的食品经营资质未尽到法定审核义务的，承担连带责任
主播不能证明已经以足以使消费者辨别的方式表明其并非销售者并标明实际销售者的，即：主播未将自己以“达播”和品牌方为实际销售者角色呈现的，承担商品销售者责任
2.直播营销人员
单位或机构对外进行相关直播间的运营及合作的承接
由单位或机构承担相应的权、责、利
身份特征
从属于单位或机构，
为单位或机构的直播间
工作

图 2　主播身份及其责任

"省流"版本小提示

"店播"自家货，责任在主播。

质量、破损、发货迟，售后责任都担着！

"达播"卖他牌，主播是桥梁。

广告有构成，责任看情况。

虚假广告害健康，主播连带得赔偿。

食品经营更特殊，经营许可须审核。

主播未标非销售，销售责任肩上扛。

消费权益要保护，主播责任不可忘。

扫码听书（如阅读不便，可扫码听书）

wav-033

扫一扫

第八节　直播带货属于广告吗?

实践中，对于直播带货行为的性质，存在两种观点。

观点一：强调直播宣传的广告属性，主张其适用《中华人民共和国广告法》及相关法律法规监管。

直播带货本质是推销商品或服务，这种推销主要是通过互联网这一媒介，用直播的形式进行，符合《中华人民共和国广告法》及《互联网广告管理办法》对互联网广告的相关定义。因此直播带货行为应属于商业广告行为，应适用广告法及相关法律法规监管。

观点二：强调直播带货的营销属性，主张适用《反不正当竞争法》及相关法律法规监管。

主要理由在于，直播带货的宣传不同于传统的商业广告，直播带货与线下推销员面向顾客的口头营销（推销 / 导购）行为是极为类似的，实践监管中，在经营场所的产品介绍、演示、说明、推介会等均视为产品的宣传（商业广告之外的商业宣传），而不是作为商业广告。

其次，直播带货的不少营销话语具有临时性、及时性和互动性的特点，也很难适用传统商业广告的事先审查。从经济发展和监管的社会效果统一角度，更宜强化直播带货的平台属性，突出带货的营销属性，适用《反不正当竞争法》等相关法律法规监管。

直播带货行为的性质客观上也比较复杂，直播带货既有将商品的规格、成分、功能、价格等商品的基本属性讲解清楚，以使得消费者充分知情后下单购买的营销行为，也有为吸引消费者关注进而转化为下单购买商品的宣传行为。按既有的法律法规，的确难以适用一种确定的角色来固定其性质。通说认为，直播带货行为性质上为网络营销，适用《反不正当竞争法》等相关法律法规监管，但若直播内容构成商业广告的，应适用《广告法》等相关法律法规监管。

那么，如何判断直播内容场景是否构成广告呢？

从实践及探讨趋势来看，主要还是以实际行为发生的情况去具体判断。

如果对商品或服务的价格、产地、生产者、规格、主要成分、等级、有效成分、售后服务等法律、行政法规、部门规章、强制性国家标准以及国家其他有关规定要求应当展示、标示、告知的信息（以下简称“必要信息”）进行宣传的，应符合《反不正当竞争法》有关规定。非必要信息外的宣传即符合商业广告的核心构成要素，应按照《广告法》规定履行广告发布者、广告经营者或广告代言人的责任和义务（假设其他要素，诸如“在中国境内”等自然符合）。当然，按照直播带货的日常实践来说，主播对于商品的介绍很难限定在商品的必要信息范围内，如此，直播带货行为将很容易构成或被认定为广告。（见图3）

经典“踩雷”案例一[①]

2020年12月，“某主播带货即食燕窝”事件引起社会关注，广州市场监管部门第一时间介入，依法依规对相关当事人进行立案调查，后广州市市场监督管理局发布该事件调查处理结果：广州某电子商务有限公司作为涉事直播间的开办者（以下简称“直播间开办者”），受商品品牌方广州某贸易有限公司（以下简称“品牌方”）委托，于2020年9月17日、10月25日，安排主播“时某”通过某直播平台推广商品“某碗装风味即食燕窝”。在直播带货过程中，主播仅凭品牌方提供的“卖点

①《通报！“辛巴直播带货即食燕窝”事件调查处理情况》，载微信公众号“广州市场监管”2020年12月23日，https://mp.weixin.qq.com/s/kdAkT5gc8JXR8RKur5RLVg。

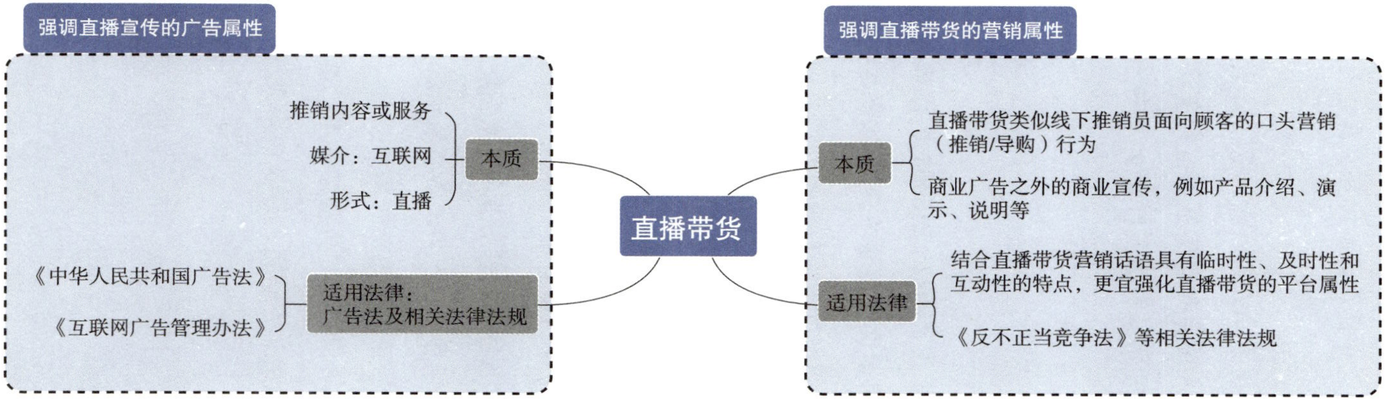

图 3　直播带货的两种属性

卡”等内容，加上对商品的个人理解，即对商品进行直播推广，强调商品的燕窝含量足、功效好，未提及商品的真实属性为风味饮料，存在引人误解的商业宣传行为。

该主播的行为违反了《中华人民共和国反不正当竞争法》第 8 条第 1 款的规定。根据《中华人民共和国反不正当竞争法》的规定，市场监管部门拟对其作出责令停止违法行为、罚款 90 万元的行政处罚。

经典“踩雷”案例二

杭高新（滨）市监处罚〔2022〕218008 号行政处罚决定书显示，2022 年 3 月，当事人杭州某文化传媒有限公司受委托在指定活动中负责安排主播上播、选品、某淘宝网店的装修和产品设计、网店链接的开通控制等代理服务。直播过程中对普通食品“某某某清幽菌固体饮料”进行直播服务引流，并使用了“养护肠胃”“胃不舒服，消化不好，容易拉肚子的，肠道不是很通畅的，菌群失衡的，家里人或另一半都可以入手”“养护预防，养护肠胃”“增强肠道有益菌群”“含抗幽门螺杆菌的活菌专利”“有助于抗幽门螺杆菌”“修复肠道屏障”“改善口腔问题”“提高整体抵抗力”“预防幽门螺杆菌”“腹泻便秘都可以调”等言语内容。对上述直播内容信息当事人均未落实登记、审核等制度。

根据该处罚决定书，当事人的违法行为类型为“食品广告出现与药品相混淆的用语，直接或者间接地宣传治疗作用，借助宣传某些成分的作用明示或者暗示该食品的治疗作用；涉及疾病预防、治疗功能”。对此，杭州市高新区（滨江）市场监督管理局根据《广告法》责令其停止发布广告，并处罚金人民币 19 万元。

案例分析

对比上述两个案例，案例一主播根据卖点卡介绍商品的必要信息，但是由于未提及商品的真实属性为风味饮料而非“燕窝”本身，存在引人误解的商业宣传行为，因此适用《反不正当竞争法》。

案例二主播在直播时添加了非必要信息外的宣传，如“修复肠道屏障”“养护预防，养护肠胃”等，为商品引流，符合商业广告的核心构成要素，且宣传内容混淆了食品广告与药品。综上所述，适用《广告法》。

“省流”版本小提示

直播带货两观点，须得区分广告或营销。

直播带货像广告，适用《广告法》法条。

直播带货像营销，适用《反不正当竞争法》法条。

实践判断看场景，必要信息定性质。

扫码听书（如阅读不便，可扫码听书）

扫一扫

第九节　主播是广告代言人吗？

（一）不同的观点

实践中，对主播是否属于广告代言人存在不同观点。

观点一：主播不属于广告代言人。

直播带货本质上是一种销售商品的模式，只是形式不同于传统的线下柜台销售，主播与线下商场的柜台导购员并无实质不同，均是通过向不特定人群（顾客）介绍、推荐商品从而达成交易。没有人认为柜台导购员为商品的广告代言人，故主播也不属于广告代言人。

观点二：主播属于广告代言人。

直播带货虽然是一种销售商品的模式，但本质与形式均与传统线下柜台销售不同。

直播带货本质上是利用网络平台流量、主播影响力、主播形象等推介商品，促进网络用户与商家达成交易。结合《广告法》对广告的定义，广告系以商业推广为目的、通过一定媒介和形式、推介特定商品或服务的活动。

直播带货显然具有商业推广目的，媒介和形式则体现为网络平台、直播间等，通过主播介绍商家指定的商品或服务，促成销售。因此，直播带货属于广告，主播属于广告代言人。

笔者观点：单纯以主播这一职业论证主播是否属于广告代言人具有片面性，应结合不同直播带货模式下主播的具体行为进行综合分析。

根据主播与商家合作模式划分，直播带货可以分为店铺自营直播和委托达人直播。

在店铺自营直播模式中，主播常系店铺雇佣的员工或自己为店铺主，这种模式下，也很难说主播就是广告代言人。

委托达人直播是当前较为普遍的直播带货模式，主播接受品牌方的委托，在主播的直播间（此种模式下可能还有主播背后的 MCN 机构，在此不作讨论）对品牌方的特定商品进行宣传、推介。此种模式下，若主播以自己的名义或者形象对商品、服务作推荐、证明，则可被定性为广告代言人。当然，实践中法律规定及司法实践对于广告代言人的认定也有着严格的规定，对于如何定性主播是在“以自己的名义或形象”推销商品，以及如何定性主播是在“对商品或服务作推荐、证明”，也仍须结合司法实践根据具体情况去认定。因此，委托达人直播模式下，主播可能成为广告代言人，但并不必然是广告代言人。

此外，主播身份可能多重化，如 2023 年 2 月 25 日国家市场监督管理总局发布并于 2023 年 5 月 1 日起施行的《互联网广告管理办法》第 19 条规定：“直播营销人员接受委托提供广告设计、制作、代理、发布服务的，应当依法承担广告经营者、广告发布者的责任和义务。”因此，主播还可能是广告经营者、广告发布者。

（二）主播如作为广告代言人，有什么责任与义务？

2022 年开始，上海、北京等地以及国家层面市场监管部门相继出台针对广告代言行为的规范指引。如《商业广告代言活动合规指引》《关于进一步规范明星广告代言活动的指导意见》《北京市明星广告代言行为合规指引》等。这些指引一方面为广告代言活动提供了更为具体的行为规范，提出了更高的合规要求，另一方面也反映了监管部门对广告代言活动更强的监管态势。

如前所述，在特定带货模式下，若主播以自己的名义或者形象对商品、服务作推荐、证明的，属于广告代言人，则需要履行广告代言人的相关法定义务。

根据《广告法》第38条规定，广告代言人不得为其未使用过的商品或者未接受过的服务作推荐、证明。上述指引则明确了使用商品或接受服务的要求：如要求代言人本人充分使用代言商品，保证在使用时间或者数量上足以产生日常消费体验，并建议保存使用商品或者接受服务的书面记录，作为以后确认履行相关法律义务的证明等。根据《广告法》第16条、第18条规定，广告代言人不得代言医疗、药品、医疗器械、保健食品等。上述指引则进一步规定，不得为烟草及烟草制品（含电子烟）、校外培训进行代言。此外，上述指引也提出要求广告代言人对广告主及所代言的商品履行尽职调查义务，要求广告代言人在开展代言前，应确认广告主公司、产品均符合资质，确认代言活动合法合规等。

在责任承担方面，除了《广告法》框架性规定外，上述指引更是明确对于虚假、违法代言的，将处罚代言人本人，不得以处罚代言人所在机构代替对代言人本人的处罚；对于情节恶劣的，将加强公开曝光、列入个人诚信记录等。

经典“踩雷”案例：主播虚假广告带货梭子蟹

在浙江省舟山市市场监督管理局普陀分局作出的舟市监普处〔2022〕261号处罚案件中，当事主播通过抖音商铺和直播带货的方式推广梭子蟹，当事主播在抖音发布短视频，视频内容为：向渔船呼喊“爸爸，老公，平安归来，一路顺风”；介绍是“舟山本地吉祥水产，拥有自家渔船，舟山东海野生梭子蟹，百余条捕捞船整装待发……”，后经监管部门调查，当事主播实际上没有渔船，也没有当渔民的爸爸或者丈夫，构成虚假广告，最终被监管部门要求下架相关内容并处罚款人民币20 000元。

案例分析

上述案例系典型的主播虚构相关事实推广带货商品被处罚案，主播以虚构的内容拍摄短视频，误导消费者对主播所带货的梭子蟹产地、品质等产生信任，违反了《广告法》第 28 条规定，以虚假或者引人误解的内容欺骗、误导消费者的，构成虚假广告，最终被行政监管部门处罚。

"省流"版本小提示

主播身份有争议，代言与否难界定。

自营直播非代言，达人代言须分明。

广告代言责任重，法规指引需遵循。

尽职调查不可少，违规代言风险高。

扫码听书（如阅读不便，可扫码听书）

扫一扫

第十节　如何计算直播带货收益？

2019 年开始，直播带货进入爆发式增长期，淘宝、抖音、快手等平台作为主要直播带货平台，以李佳琦为代表的直播带货主播迅速出圈。网络上也开始出现一种声音表示："直播带货就是商家让利给主播（或主播机构）"，主播收入一时之间成为热点话题，"主播""直播带货"似乎一夜之间成了造富新行业。

直播带货行业经过多年发展，竞争已进入"白热化"阶段，各直播带货机构（主播）也不再以单纯收取坑位费或单纯收取佣金作为收益来源，商家（品牌方）也对主播提出更多直播带货效益要求，因此多元化直播带货收益、延长直播带货收益链条、满足多样化需求是直播带货行业发展趋势。下文将从直播带货收益相关概念入手，介绍直播带货收益构成，揭示光鲜背后的"秘密"。

1. 反映主播带货能力的 GMV（Gross Merchandise Volume），即商品成交金额，其计算公式为：

商品成交金额 = 商品销售单价 × 商品销售数量

高 GMV 的优势：拥有高 GMV 历史数据的主播也能在与商家谈判时获得更好的合作条件，如更低廉的直播销售价格、更高的佣金比例、更高的坑位费等。

2. 佣金：指商家根据主播带货的实际销售额（行业内俗称"退后 GMV"）的一定比例支付给主播的费用。如佣金比例为 20%，则代表主播每带货 100 元销售额，商家需要支付给主播 20 元的佣金费用。

佣金一般可以通过直播推广平台统一结算，这种称为“线上结算”。线上结算的，销售店铺方通过相应销售平台旗下推广平台设置好佣金比例，并且与主播方进行佣金结算、支付。举个例子：如果销售平台是“天猫”平台，则相应推广平台为“淘宝联盟”；如果销售平台是“有赞”平台，则相应推广平台为“有赞客”，相应分销平台为“有赞分销”平台，相应供应商平台为“有赞供应商”平台；如果销售平台是“京东”平台，则相应推广平台为“京东联盟”；如果销售平台是“快手”平台，则相应的推广平台为“快手联盟”；如果销售平台是“抖音”平台，则相应的推广平台为“抖音精选联盟”。

3. 退后 GMV：指扣除消费者退货、退款、无效订单等形成的真实 GMV。前文说到 GMV 能够反映带货主播的带货能力，那么退后 GMV 则能够真实反映带货效果，商家一般也仅依据退后 GMV 与主播结算相关费用。

一般而言，不同品类的商品退货率不同，如珠宝类目退货率可能一般会高于服饰类目退货率，服饰类目退货率可能高于美妆类目退货率。

4. 坑位费：主播为商家在直播间预留的商品链接位置费用。看直播带货时经常会听到主播喊“三、二、一，上链接……”这里的每一个链接就会对应一个坑位费。

5. 专场费：指主播在单场直播推广活动中，仅为单个商家的品牌商品进行直播带货的费用。专场形式直播的，一般不会再单独收取每个链接的坑位费，但专场费用可达到百万级别，主播影响力越大，专场费用越高。

6. 冠名费：指某品牌以冠名的名义出现在主播直播间所需支付的费用。冠名直播场次在主播直播间的装潢上将突出显示品牌 logo 等，与专场直播略有不同的是，在冠名直播场次中，主播仍可带货其他品牌商品，但冠名商家一般会要求主播在冠名直播场次中避免竞品。冠名费用比专场费用稍低，但一般也能达到 50 万元左右。

7. 直播“切片”授权费用：直播“切片”是指将主播一整场直播介绍的全部商品剪辑成单独的片段，通过授权商家使用主播讲解特定商品的片段视频，并在片段视频中加入商品购物链接，用于投放在抖音等平台，持续获取后续带货收益。前不久上网络热搜的东方某选头部主播董某某直播“切片”事件，虽然最后东方某选道歉澄清，但直播“切片”授权，也的确开始成为直播带货行业内延长直播带货收益链的重要一环。

随着直播带货行业的迭代，直播带货收益链条也在不断延长，单纯的佣金、坑位费模式一方面没有充分挖掘主播价值，另一方面也难以满足商家需求。

在实践的需求下，直播“切片”授权形式应运而生，此外还有主播肖像授权、主播推广短视频授权等。而直播带货不仅作为一种商品销售形式，更作为一种商品宣传渠道，尤其是在头部主播直播间，巨大流量加持下，对商品本身的曝光也是一种超越销售额本身的价值所在，任何能够为商品带来推广价值的合作形式都将可能出现，直播带货收益也将更加多元化、复杂化、精细化、定制化。

扫码听书（如阅读不便，可扫码听书）

扫一扫

第十一节　直播抽奖知多少?

如何提高直播间互动氛围、增加用户停留时间并最终促进销售额增长可能是直播带货需要解决的核心问题之一。各直播平台也推出名目繁多的营销互动工具（玩法）供主播（商家）们选择使用，例如抽奖、赠品、“秒杀”“免单返现”“粉丝团”等，其中抽奖可能是直播带货中最常见的营销活动之一，是帮助主播获得大量互动热度的途径之一，尤其是诸如“618”“双十一”等电商大促期间，高额、高频次的“福袋”活动，也推动直播带货销售额冲击高峰。

那么问题来了，以“福袋”为代表的抽奖活动，存在哪些法律风险？主播（商家）等抽奖活动发起者可能存在哪些法律责任？

（一）适用规范

1. 法律规范

抽“福袋”等抽奖活动在法律上的定义属于“有奖销售”，受到《反不正当竞争法》《规范促销行为暂行规定》（以下简称《暂行规定》）《零售商促销行为管理办法》（以下简称《管理办法》）等法律法规的规制。

《反不正当竞争法》第 10 条规定：“经营者进行有奖销售不得存在下列情形：（一）所设奖的种类、兑奖条件、奖金金额或者奖品等有奖销售信息不明确，影响兑奖；（二）采用谎称有奖或者故意让内定人员中奖的欺骗方式进行有奖销售；（三）抽奖式的有奖销售，最高奖的金额超过 5 万元。”

《暂行规定》则对有奖销售的定义、促销活动的各类表现形式、法律责任等进行了更为细致具体的规定，如《暂行规定》第 11 条明确规定有奖销售“包括抽奖式和附赠式等有奖销售。抽奖式有奖销售是指经营者以抽签、摇号、游戏等带有偶然性或者不确定性的方法，决定消费者是否中奖的有奖销售行为。附赠式有奖销售是指经营者向满足一定条件的消费者提供奖金、物品或者其他利益的有奖销售行为”。

2. 直播平台管理规则

上文主要基于法律责任强调了主播（商家）进行合规之必要性，此外作为行业监管的补充力量，各直播平台也会对主播（商家）相关行为进行明确约束。以抖音平台为例，抖音在《抖音电商直播间营销互动玩法规范》《平台营销活动基础规则》等平台规则中，均对直播间营销互动作出要求，违反平台规则的，将面临平台采取警告、下架违规商品、扣除信用分、阻断直播、限制主播权限等管理措施。

（二）直播开展有奖销售活动时，可以从哪些方面规避风险？

1. 在直播间页面及主播口播时准确、清楚、明白地展示（说明）奖项种类、奖品信息、开奖时间等全部有奖销售信息

如前所述，《反不正当竞争法》第 10 条第 1 项规定“经营者进行有奖销售不得存在下列情形：（一）所设奖的种类、兑奖条件、奖金金额或者奖品等有奖销售信息不明确，影响兑奖”，《暂行规定》第 13 条更为具体地规定：“经营者在有奖销售前，应当明确公布奖项种类、参与条件、参与方式、开奖时间、开奖方式、奖金金额或者奖品价格、奖品品名、奖品种类、奖品数量或者中奖概率、兑奖时间、兑奖条件、兑奖方式、奖品交付方式、弃奖条件、主办方及其联系方式等信息，不得变更，不得附加条件，不得影响兑奖，但有利于消费者的除外。”

经典“踩雷”案例

在上海市嘉定区市场监督管理局作出的沪市监嘉处〔2023〕142023004857号处罚案件中，当事人在天猫旗舰店策划开展有奖销售活动，消费者购买产品收到包裹后，包裹内会附带一张抽奖包裹卡，当事人利用抽奖包裹卡对有奖销售规则进行了说明，但当事人“未在抽奖包裹卡及抽奖链接内对奖品品名及奖品种类作明确清晰的表述”“未在抽奖包裹卡及抽奖链接内明确公布……奖品数量及中奖概率，并在抽奖包裹卡上标注‘*奖品随库存更新’”、实际领奖时间与“玩法规则”中公布的活动时间不一致等，最终被监管部门责令停止违法行为，并处罚款人民币100 000元。

2. 有奖销售活动应真实、客观、有效，严禁欺骗性有奖销售

经典“踩雷”案例

在上海市松江区市场监督管理局作出的沪市监松处〔2022〕272022000251号处罚案件中，当事人在其开设的京东平台旗舰店开展“12月11日20点抢全店前200名半价封顶2 000元”“1月24日20点抢全店前50名半价封顶2 000元”有奖销售活动时，通过人为干预将特定人员加入中奖名单并将上述名单公示在网店内，被监管部门认定违反《反不正当竞争法》第10条“经营者进行有奖销售不得存在下列情形:（二）采用谎称有奖或者故意让内定人员中奖的欺骗方式进行有奖销售”，被罚款人民币50 000元。

在上海市浦东新区市场监督管理局作出的沪市监浦处〔2022〕152021000799号处罚案件中，当事人自行开发旅行酒店预订App，为

吸引用户注册并使用其App预订酒店等。当事人自2020年1月份起，推出用户积分抽奖活动。然而截至2021年4月案发期间，当事人从未抽取和兑现过相关奖品，提供的中奖人名单经调查证实是虚假的，也无法提供采购相关奖品的凭证。最终监管部门结合当事人全部违法行为，依据《反不正当竞争法》第10条等法律法规作出罚款人民币360 000元的处罚。

案例分析

上述两个案例中的有奖销售活动存在欺骗情形，采用谎称有奖或者故意让内定人员中奖的欺骗方式进行有奖销售，这类行为会被认定为不正当地获取竞争优势。

3. 有奖销售活动奖金金额或奖品最高不得超过5万元

实务中，对奖品金额的认定仍存在一定争议，如支付宝在2018年通过微博平台发起的“锦鲤”活动，最终微博网友“信小呆”一人获得价值1亿元的全球旅行大礼包。有学者指出该奖品设置违反《反不正当竞争法》的相关规定，也有人认为这并非现金奖励1亿元，也非实物奖品，而是各种旅游机会，价值认定不同于一般标准，难以认定支付宝存在违法有奖销售。但上述争议恐怕要等到更为细致的有奖销售规范出台才能停止。就现有法律框架下，对广大直播带货从业者来说，仍然需要严格遵守《反不正当竞争法》第10条第3项的规定，“经营者进行有奖销售不得存在下列情形：（三）抽奖式的有奖销售，最高奖的金额超过5万元”。

经典“踩雷”案例

在湖南省株洲市芦淞区市场监督管理局作出的株芦市监处字〔2020〕

58号处罚案件中，当事人于2020年8月12日至2020年9月21日，在抖音平台以“点抽”方式（一种直播抽奖玩法，即用户在直播间内的公屏留言，公屏进行留言滚动，主播遮挡住双眼，随机盲点公屏抽奖，点到哪位符合要求的用户即为中奖者），举办了10场次直播抽奖赠送汽车的有奖销售活动，共计送出宝马、奥迪、哈弗等汽车28台，因相关汽车价值超过50 000元，最终被监管部门认定违反《反不正当竞争法》有关规定，处以罚款人民币150 000元。

案例分析

立法本意是希望奖品要适度，市场竞争才能可持续。因此，建议主播发起抽奖、赠品等有奖销售时，切忌“挥金如土”，超额发奖。

4. 赠品、奖品等物品须保证产品质量等

从实践来看，个别主播或选品人员认为赠品、奖品等不需要进行严格的正品来源审核、产品质量审核等，这其实是非常错误的认知。

《管理办法》第12条明确规定开展促销活动“不得降低促销商品（包括有奖销售的奖品、赠品）的质量和售后服务水平，不得将质量不合格的物品作为奖品、赠品”。

经典“踩雷”案例

在上海市静安区市场监督管理局作出的沪市监静处〔2021〕062020000907号处罚案件中，当事人在其天猫平台官方旗舰店开展销售某款化妆品，赠送同款小样的促销活动，后经调查证实，当事人提供的赠品产品限用使用日期为2020年6月28日，至上述促销活动开展时已超限用使用日期，最终被监管部门处以罚款人民币8 000元。

“省流”版本小提示

福袋直播有奖售，法律规管要遵守。

反不正当竞争法，促销规定须细读。

避免风险有四招，简单易记顺口溜：

奖项信息要透明，主播口播页面清。

真实客观不欺诈，欺骗销售绝不行。

奖金奖品有上限，五万封顶记心间。

赠品奖品质量保，顾客满意是王道。

扫码听书（如阅读不便，可扫码听书）

扫一扫

第十二节　ROI不达标怎么办？

由于商家根据主播体量、商家需求、直播场次规模等不同，需要支付主播包括商品“坑位费”、佣金、专场费、冠名费等直播推广服务费用，加之直播行业竞争愈发激烈，早期“全网最低价”的直播模式给商家带来的利润增长空间有限且难以持续。因此，商家难免对直播销售额有预期。

在对ROI（Return on Investment）有预期、有目标的情况下，商家需要在与主播签订的合同中，根据合作需求明确约定保底销售金额、未达保底金额时主播需要退还一定的坑位费等，例如：“甲乙双方确认：自某年某月某日（含）至某年某月某日（含）期间，乙方指定主播某某为甲方指定商品直播推广累计实际销售金额需达到多少元（以下简称“保底销售金额”）。若累计实际销售金额未达到保底销售金额，则乙方需返还甲方一定比例的坑位费，乙方应返还的金额＝乙方已向甲方收取的坑位费×（1－累计实际销售金额÷保底销售金额）”。此外，合同中也可以约定直播时长、主播讲解话术、主播介绍形式等直播内容，以对直播推广效果有一定把控。常用术语概览如下：

1. 商品“坑位费”：指主播为商家在直播间预留的商品链接位置费用。

2. 佣金：指商家根据主播带货的销售额的一定比例支付给主播的费用。

3. 专场费：指主播在单场直播推广活动中，仅为单个商家的品牌商品进行直播带货的费用。

4. 冠名费：指某品牌以冠名的名义出现在主播直播间所需支付的费用。

冠名直播场次在主播直播间的装潢上将突出显示品牌 logo 等，与专场直播略有不同的是，在冠名直播场次中，主播仍可带货其他品牌商品（但冠名商家一般会要求主播在冠名直播场次中避免竞品）。

5. 投资回报率（ROI），即企业从一项投资中得到的收益回报。在直播带货行业，投资回报率一般指商家支付的推广费用与直播带货产生的实际销售额（指除去消费者退货、退款以及无效订单等情形后的销售额）的比值。如商家支付直播推广服务费 50 万元，商家要求主播直播带货最终产生的实际销售额至少达到 200 万元（此 200 万元销售额则被称为目标销售额或保底销售额），则 ROI 为 1 ∶ 4。

经典"踩雷"案例一

2021 年 5 月 24 日，某食品公司与某文化公司签订《直播专场 / 单坑合作合同》，约定：某食品公司全权委托某文化公司安排主播进行直播带货，服务费用总额 20 000 元，ROI 比例 1 ∶ 3（2 万元服务费保 6 万元销售额），且保证退货率不超过销售量的 15%，超过部分某文化公司需顺期补齐……若某文化公司未在合作期间内完成 ROI 所承诺的销售额，应当协商在一个月内补齐差额，若仍未完成，则在 15 个工作日内退还某食品公司服务费，逾期未退还的，按日万分之一承担违约金。双方同时对直播平台、主播账号、主播账号粉丝数及其他权利义务在合同中确认。后某文化公司直播带货远未达约定目标销售额，且对补播、退费等事宜双方协商未果，某食品公司起诉至法院。法院判决某文化公司退还服务费 2 万元并承担相应违约责任。

经典“踩雷”案例二

2022年12月11日，某贸易公司与某文化公司签订《广告服务合同》，约定：某贸易公司委托某文化公司安排主播进行直播带货，推广服务费由固定服务费和商品销售佣金组成。固定服务费41 200元，合同明确某文化公司不承诺直播带货的销售额。后因直播带货销量较差，某贸易公司要求退还服务费，双方协商未果，某贸易公司起诉至法院。法院判决驳回某贸易公司诉讼请求，某文化公司无需退还服务费。

案例分析

从上述案例简介中也可看出，两则案例中的合同约定有所不同。案例一约定ROI比例，即主播公司明确“保6万元销售额”；而案例二中主播公司明确“不承诺直播带货的销售额”。更为关键的是，各方是否全面履行合同义务，也是法院审查的重点。

案例一中，在合同约定“若某文化公司未在合作期间内完成ROI所承诺的销售额，应当协商在一个月内补齐差额”的情况下，某文化公司始终未安排主播进行补播或直播，未补齐直播销售差额，属于严重违约行为。故法院最终判决要求某文化公司退还全部服务费并承担违约责任。

案例二中，如果某文化公司在直播带货过程中存在直播时长不达标、主播介绍商品不充分、主播话术违规等情形，仍可能承担违约责任。但在庭审过程中，某文化公司充分举证，证明已安排主播在直播过程中对某贸易公司的商品性能、外观、优点等均进行了充分讲解，全面履行了合同义务。法院认为最终销量取决于多重因素，在某文化公司全面履行合同义务且已明确不承诺销售额的情况下，某贸易公司要求退还服务费没有依据，故判决驳回某贸易公司的诉讼请求。

"省流"版本小提示

主播带货有门道，坑位佣金专场冠。
合同签好保金额，未达目标坑费还。
直播内容要讲好，时长话术都把关。
投资回报要计算，直播带货不空谈。

扫码听书（如阅读不便，可扫码听书）

扫一扫

第十三节　如何验收和处置样品？

“货”是直播带货的核心。在商品成为主播推广的“货”之前，往往需要历经选品、品控审核、备品、上架等流程。此时，为了便于主播选品审核，商家通常在直播前一定期限内，将希望和主播达成带货合作的商品的样品以邮寄或当面交付等方式交付主播，供主播选品、审核并在直播时展示——这便是“样品”的由来，直播结束后，“样品”归还商家——这也是常常发生争议的环节。例如：样品如何验收、如何处置？主播（机构）损毁、遗失样品了需要承担怎样的责任？

在无特殊约定的情形下，样品所有权属于商家，主播（机构）未妥善保管造成商家损失的，需要承担赔偿责任。因此，除双方合同约定外，无论是从合规角度，还是从直播间经营管理的角度而言，样品的验收和处置制度本质上体现了主播或 MCN 机构的管理水平，建立直播标准化、完善的样品管理、稳定的供应链管理等有助于体现主播（机构）的核心竞争力。

那么如何建立完善的样品验收和处置制度呢？可从商家样品寄出、验收样品、审核样品、保管样品、样品借出、样品归还、样品处理等流程设计完整制度，具体如图 4 所示。此外，双方也应在合同中对样品进行约定，如要求商家作出一致性保证，后文案例中双方合同就约定“乙方向甲方提供的样品（包含赠品、小样、试用装）必须与甲方实际售出的商品质量生产用料保持一致”。

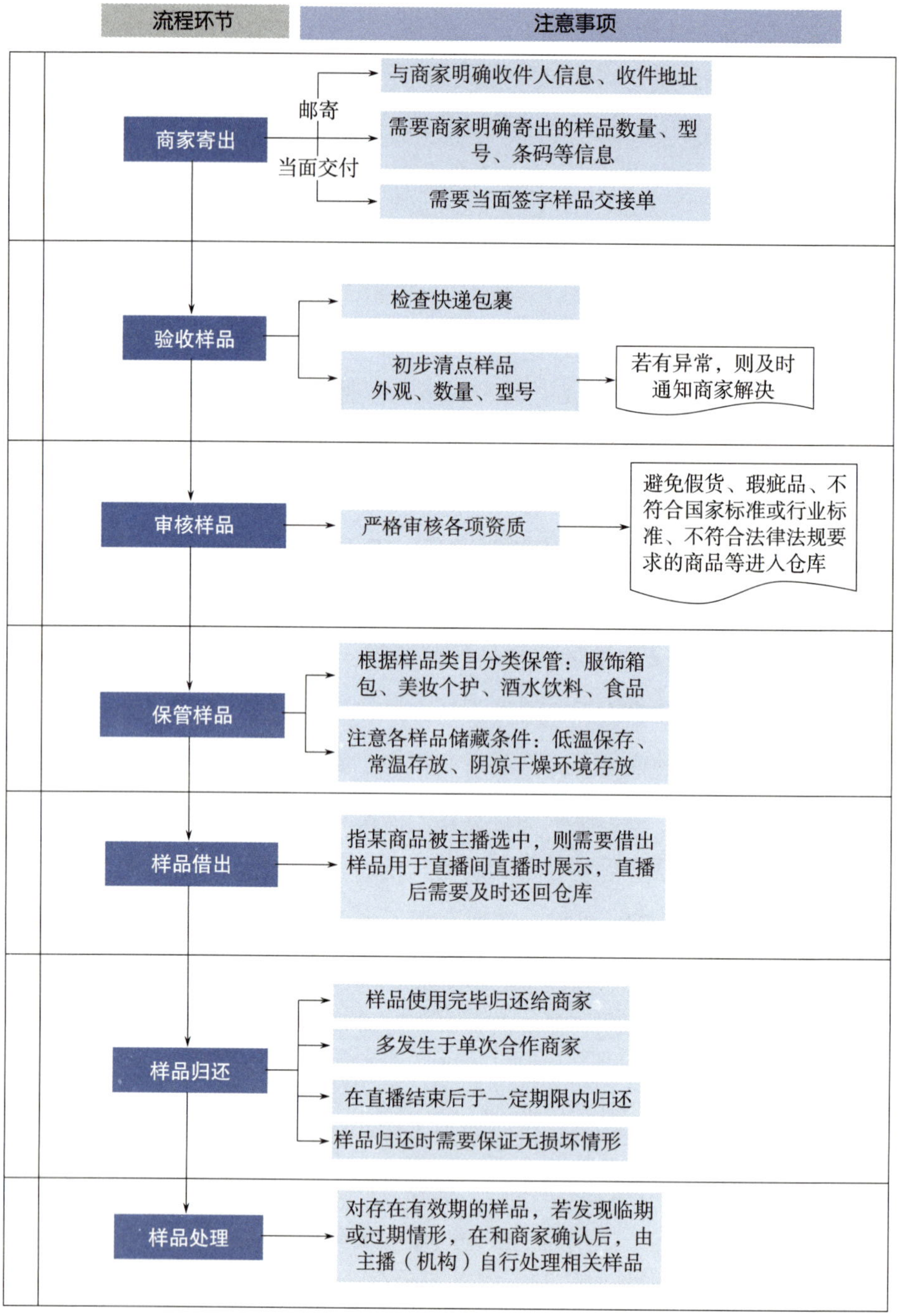

图 4　样品验收与处置流程

经典“踩雷”案例

2020 年 12 月 21 日，龙口市某钟表店与北京某传媒公司签订《品牌商家合作销售合同》，约定龙口市某钟表店委托北京某传媒公司安排主播进行直播带货，龙口市某钟表店需提供样品，并作出约定“乙方（龙口市某钟表店）应向甲方（北京某传媒公司）提供宣传直播带货所需素材资料以及样品，商品样品、素材等费用和邮寄等相关费用均由乙方承担；乙方向甲方提供的样品（包含赠品、小样、试用装）必须与甲方实际售出的商品质量和生产用料保持一致”。后产生纠纷，龙口市某钟表店诉诸法院，要求北京某传媒公司退还服务费、赔偿样品损失等，最终法院支持了龙口市某钟表店的诉讼请求，关于赔偿样品损失一节，法院认为龙口市某钟表店支付样品货款及运费共计 5 041 元，北京某传媒公司在短暂直播后未妥善保管直播产品样品，未及时处理退款事宜，给龙口市某钟表店造成经济损失，应予赔偿。

“省流”版本小提示

样品管理要规范，直播才能更顺畅。
寄出验收保管好，借出归还处理好。
双方合同要明确，样品质量需一致。
管理水平高体现，主播机构有底气。

扫码听书（如阅读不便，可扫码听书）

扫一扫